문화콘텐츠를 위한
미디어미학

박 기현

도서
출판 만 남

차 례

제 1장

서론

문화콘텐츠와 미디어미학

1. 문화콘텐츠와 미디어, 이미지

우리가 살고 있는 현대 사회는 포스트모더니즘 이론 혹은 탈구조주의 사회이론 등이 풍미하는 가운데, 최근 들어서서는 전자미디어와 정보 통신 기술의 비약적인 발전을 맞고 있다. 오늘날의 전자미디어는 인쇄 매체에 기반하고 있던 시대의 시간과 공간적 제약을 넘어서서 여러 형식의 미디어들을 통합하는 동시에, 다양한 커뮤니케이션의 가능성을 확보함으로써 새로운 사회적 신경망을 건설해 가고 있다.

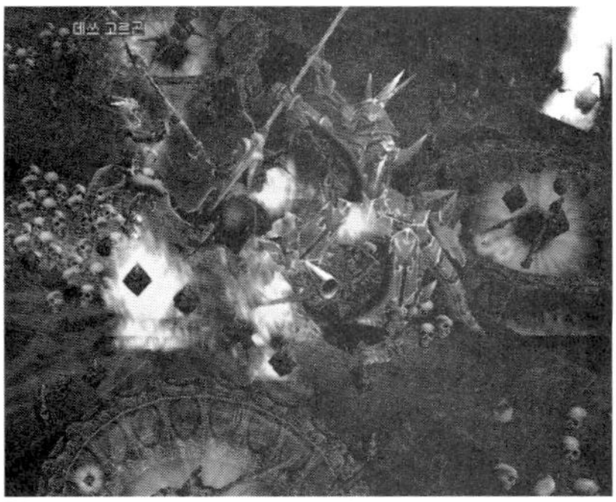

뮤 온라인 게임

이제 21세기의 문화는 더 이상 어느 특정 사회나 특정 지역의 생활양식의 틀을 반영하고 있지 않다. 문화는 이미 고전적 관념의 틀에서 벗어나 급속히 확장되는 매스커뮤니케이션과 정보 통신 기술(Information Technology) 산업의 발전에 힘입어 경제적 부가 가치를 창출하는 원천이 되었고, 현대 사회에서의 문화콘텐츠 분야와 문화 기술(Culture Technology) 산업의 중요성은 점점 더 부각되고 있는 상황이다.

특히 대중문화는 19세기에 나타난 사진과 영화, 그리고 20세기에 선보인 라디오와 텔레비전과 같은 새로운 미디어의 등장과 더불어 빠른 속도로 확산되기 시작하였고, 이러한 아날로그 미디어에 기초한 문화는 산업화의 과정에서 대량 생산과 대량 소비의 현상으로 이어지게 되었다. 대중은 예전에 경험하지 못한 문화의 혜택을 접하게 되었으며, 대중문화는 산업화와 도시화의 과정에서 고립된 개인들에게 새로운 사회적 관계를 맺을 수 있는 기회를 제공하였다.

더욱이 인터넷과 같은 디지털 미디어를 기반으로 하는 21세기의 미디어 현실은 모든 경계를 넘어서고 동시적으로 이루어지는 새로운 대중문화를 형성함으로써, 모든 사람들이 동시에 향유하는 새로운 문화 사회를 선보이게 되었다. 미디어의 역사를 살펴보면 이점이 분명하게 포착된다.

합리성이 중시되던 유럽의 전통에서 보면 전통적인 미디어는 <문자> 중심의 미디어였다. 물론 문자와 더불어 회화도 중요한 미디어의 한 부분이었지만, 중심 미디어는 구텐베르크의 금속 활자의 발명 이후 문자로 수렴되었고, 문자를 이용해서 지식과 정보 등이 전송되었다.

이러한 문자 문화의 오랜 전통은 본격적인 대중적 미디어, 즉 <사진>과 <영화>의 등장으로 인해서 위협받게 된다. 대중 미디어는 문자 문화적 전통에서 벗어나 시각적, 통감각적 영역으로 확장되는 성격을 띠게 되기 때문이다.

현대에는 기술 발전에 의한 대중 미디어의 발달로 인하여 사람들은 책을 통해서 뿐만 아니라, 다른 다양한 시각적 미디어를 통해서 많은 지식과 정보를 습득하게 되었고, 또 이전과는 다른 체험들이 가능해졌다. 이제 현대 사회에서는 누구든지 예술에 다가서고자 한다면 다가설 수 있게 되었고, 언제든지 접근 가능하고, 반복 가능하고, 재생 가능하게 된 것이다. 무조건적인 복제가 가능한 대중 미디어는, 긍정적 의미에서 보면 문화 일반과 예술 그 자체의 몰락이라는

백남준의 비디오아트

부정적 폄하와는 달리, 말 그대로 대중이 접근할 수 있는 <대중문화>를 가능하게 하였다.

근대적 의미의 미디어의 발달에 따라 그 시기적 단계를 구분해 본다면, 사진과 영화가 중심이 되었던 세대를 제 1세대라 할 수 있고, 라디오와 텔레비전 등 중계 미디어가 중심이 되는 시기를 제 2세대, 그리고 컴퓨터와 인터넷과 같은 멀티미디어 시대가 제 3세대라 할 수 있다. 그리고 디지털 미디어가 중심이 되는 현대 시대를 뉴미디어 시대라고 명명할 수 있다.

2. 미디어 미학 이론가들

이 책에서는 우선 제 1세대의 이론가로서, 나치가 그 세력을 키워가던 1930년대에 파시즘의 정치예술화에 저항할 매체로서의 영화의 혁명성을 긍정적으로 평가한 <발터 벤야민>이 소개될 것이다.

그 다음 제 2세대의 이론가로서, 1960년대 전면적인 대중 문화의 폭발을 직접적으로 경험했던 캐나다의 문화 비평가 <마셜 매클루언>이 소개된다.

그리고 제 3세대의 이론가라고 할 수 있는, 1960년대 프랑스 구조주의 시대의 마르크스주의에서 출발하여 시뮬라시옹 이론을 정립한 <장 보드리야르>에 대한 소개가 그 다음 장에서 다루어질 것이다.

마지막으로 위의 세 사람의 공통적인 관심사인 미디어와 이미지의 근본적인 생성 원리로서의 상상력 이론을 집대성하고 있는 프랑스의 철학자 <질베르 뒤랑>에 대한 소개가 그 다음에 전개될 것이다. 이들 네 사상가들은 공통적으로 그들의 사상적 다양함 만큼이나 복잡한 글쓰기를 의도적으로 실험하고 있다.

예술 작품이 가지고 있는 권위와 가치를 원본성과 연관

시켜 날카롭게 지적한 파악한 사람은 발터 벤야민(Walter Benjamin)이다. 벤야민은 그가 기술 복제 시대라고 규정한 사진과 영화의 시대에서 원본성의 해체에 대해 주목하고있다. 사진과 영화는 전통적인 예술 작품과는 달리 원본성을 갖지 않는다. 또한 사진과 영화는 필요에 따라 전통 예술 작품, 즉 원본성을 가지고 있는 예술 작품들을 임의로 복제해서, 원본에 쉽게 접근할 수 없었던 사람들에게도 항상 접근 가능성을 열어준다. 즉 사진과 영화가 이미지에 가져온 변화는 바로 <이미지의 재생산>이다. 벤야민은 전통적 예술 작품이 가지고 있는 원본성과 일회성을 이미지의 독점성으로 파악하고, 더 나아가 이것을 예술이 태생적으로 가지고 있는 제의적 기능과 연관된 제의 가치라고 보았다. 즉 예술 작품의 제의적 가치와 이에 따른 제의적 기능은 이미지의 제한성과 이미지의 독점에서 비롯되는 것이다. 이러한 관점에서 벤야민은 사진과 영화가 바로 이러한 이미지의 제한성과 이미지의 독점에 큰 변화를 가져올 것이라는 점을 긍정적인 눈길로 예언하고 있다. 즉 사진과 영화를 통해 이미지가 무한정으로 재생산될 수 있으며, 이 결과 이미지의 민주화가 이루어질 수 있다고 본 것이다.

1960년대에 <미디어는 메시지이다>라는 표현을 통해 숱한 논란을 불러 일으키며 등장한 마셜 매클루언(Marshall McLuhan)의 경우도 미디어에서 민주 사회를 성

숙시킬 수 있는 힘을 엿보았다. 매클루언은 미디어가 다른 것을 전달하는 단순한 매체가 아니라, 미디어 자체의 특성을 전파하는 하나의 메시지라고 생각했다. 문자와 인쇄술이 시각중심적인 인간을 형성했다면, 현대의 전기·전파 미디어들은 인간 감각의 배치와 강도를 변화시켜서 촉각적인 인간형을 만들어내고 있다는 것이 그의 주장이다. 그는 라디오, 영화, 텔레비전, 전화 등 다양한 전기·전파 미디어 중에서 특히 텔레비전의 역할에 주목한다. 매클루언은 모든 미디어를 매체의 정세도 혹은 정보량과 수용자의 참여도에 따라서, 핫(hot) 미디어와 쿨(cool) 미디어로 나눈다. 정세도가 높아서 수용자의 참여도가 낮은 것은 핫 미디어, 반대로 정세도가 낮아서 수용자의 적극적인 참여를 요구하는 것은 쿨 미디어이다. 정보량이 많은 신문이 핫 미디어라면 정보량이 적어서 수용자의 많은 상상을 요구하는 만화는 쿨 미디어라고 할 수 있다. 또 해상도가 높은 영화는 핫 미디어이고 해상도가 낮은 텔레비전은 쿨 미디어이다. 매클

루언에 따르자면, 현대의 가장 강력한 미디어인 텔레비전은 정세도가 높은 영화와는 달리 수용자의 적극적인 참여를 요구하는 쿨 미디어이다. 그리고 시각 편향적인 인쇄물과는 다르게 시각과 청각이 요구되는 공감각적인 매체로서 촉각적인 성격이 두드러지게 나타난다고 보았다. 매클루언은 텔레비전이 이성 중심 그리고 시각 중심으로 불구가 되어 버린 인간의 모든 감각을 부활시킨다는 생각을 확신하고 있었다. 동시에 이것은 새롭게 부활된 감각이 더 이상 즉흥적이고 제어되지 않은 뜨거운 것이 아님을 보여준다고 생각했다. 매클루언은 촉각화된 차가운 존재로서의 텔레비전 세대들이 사회의 민주주의화 과정에 적극적으로 참여하는 것을 보면서 진정한 참여 민주주의의 가능성을 믿게 되었다.

현대 미디어에 대한 매클루언의 시선이 낙관적이라면, 이와 달리 장 보드리야르(Jean Baudrillard)는 비판적인 시선으로 미디어를 관망한다. 보드리야르는 현대 소비 사회는 상품이 아닌 광고를 소비한다고 말한다. 미디어가 발전하면서 사람들은 현실에 존재하는 실제 사물보다 영화·드라마·뉴스 등 영상 매체가 전하는 이미지를 더 사실처럼 여긴다

는 것이다. 곧 사람들은 실재하는 대상이 아니라 미디어가 만들어 낸 이미지를 소비하고 살고 있다는 것이다. 결국 보드리야르에 의하면 생산, 산업·자본주의, 정치·경제학이 지배하던 근대는 사라지고, <시뮬라시옹>과 <시뮬라르크> 그리고 새로운 형태의 테크놀로지, 미디어 문화로 구성되는 탈근대의 시대가 도래 했으며, 이 시대는 모델과 코드, 미디어, 사이버네틱스가 지배하는 기호와 정보의 시대라는 것이다. 탈근대 사회에서는 모델이나 코드가 사회 현실을 구조화하고 실재와 모델 차이를 서서히 파괴한다. 매클루언의 <내파> 개념을 한층 밀고 나간 그는 탈근대 사회에서 현실과 재현의 경계는 내파되고, 그 결과 실재의 경험과 지반은 사라진다고 강조한다. 이러한 현대 사회에서는 점차 극히 범상한 것까지도 미학적으로 논의되며, 미적인 것과 비미적인 것과의 변별성이 사라지고 예술은 불필요해진다. 보드리야르에게 뒤샹과 워홀은 현대 사회의 경향을 정확하게 포착한 시대적 징후의 예술적 증인이 된다.

질베르 뒤랑(Gilbert Durand)은 미디어의 발달과 이미지 문명의 폭발 현상을 관찰하면서, 신화적 분석을 통하여 현대 사회를 재진단한다. 뒤랑은 19세기와 20세기의 서양은 프로메테우스와 디오니소스, 그리고 헤르메스라는 세 가지

신화의 구조가 이어져 지배해 왔다고 지적한다. 그리스의

신 프로메테우스는 인간에게 불, 즉 기술을 전달해 준 신으로써 인간을 자연과 멀어지고 인위적인 것들과 친근하게 만들어 준 신이다. 19세기 유럽의 문학과 회화들에서 프로메테우스적 신화들을 쉽게 찾아볼 수 있는 것처럼, 이 시기의 유럽은 바로 근대성의 시기이며 산업적으로 발달과 진보가 이루어진 시기이다. 그런데 몇 십 년 동안 유럽을 통제하던 프로메테우스적 상상계는 이제 피곤해지고 흩어지게 되며, 새로운 상상계에 자리를 내주게 된다. 19세기 후반부터 1960~70년대에 이르는 시점까지 유럽의 상상계는 디오니소스의 상상계로 특징지어진다. 디오니소스는 소비 사회의 신이라고 볼 수 있는데, 각종 도시의 폭력 그리고 1970년대 유럽 사회 내의 혼란이 횡행했던 시대가 바로 디오니소스의 시대인 것이다. 최근 들어 인터넷과 멀티미디어의 발달로 인해 이제 우리가 살고 있는 현대 시대는, 교환과 소통과 순환의 신인 헤르메스가 지배하는 소위 헤르메스의 시대로 명명될 수 있다는 것이 뒤랑의 견해이다. 서구의 역사를 이미지와 로고스의 대립의 역사로 파악하고, 또한 인간의 근본적인 중요 능력이

상상력임을 강조하는 뒤랑은, 로고스 중심의 서구 전통에 의해 억압받은 이미지 부재의 역사에 대한 비판과 더불어, 현대 사회의 미디어의 범람에서 비롯되는 이미지 과다 현상을 경계함으로써 현대인들에게 진정한 의미의 정신적인 <균형 잡기>를 권유하고 있다.

3. 멀티 미디어 매체와 문화콘텐츠

한 시대의 문화와 예술을 특징짓기 위해서는 그 시대를 관통하는 사상을 담은 메시지 내용의 속성뿐 아니라, 그와 같은 창작 행위를 위한 <표현 방식>과 이를 수용하는 주체의 <지각 방식>에 영향을 미치는 <미디어> 자체의 속성에 대한 분석이 수반되어야 한다.

애니메이션 <원더풀데이즈>

과거의 한정된 미디어 매체의 영역 속에서 등장하였던 문화·예술적 산물들과는 달리, 현대 사회의 문화·예술 활동은 다양한 형태로 서로 유기적으로 연결되어 있는 멀티미디어(multimedia) 매체를 통해 이루어지고 있다.

문화콘텐츠라는 포괄적인 명칭으로 명명되는 이와 같은 현대 사회의 일련의 멀티미디어 매체 문화 활동은, 이 책에서 소개하고자 하는 미디어 미학 이론가들이 지적하는 미디어 매체와 예술, 문화 활동의 관계에 대한 이해를 통해 보다 정확하게 해석되어질 수 있다. 현대 사회의 문화콘텐츠 산업은 대체로 영화·음악·만화·공연 예술·게임·디지털콘텐츠 등으로 요약될 수 있는데, 이러한 문화적 산물들은 모두 이 시대의 미디어 기술 수준에 대응되는 형태로 실현되고 있기 때문이다.

가령 <가상현실>의 개념은 영화나 게임과 같은 예술·문화 활동의 소재가 될 뿐만 아니라, 인공 지능과 로봇, 시뮬라시옹 시스템을 구축하는 테크놀로지 연구 분야에서도 중요한 과학적 그리고 철학적 근거를 마련해 준다. 이것은 또한 미디어와 커뮤니케이션 이론, 더 나아가 사회학적 그리고 종교적 논쟁의 중요한 이슈가 될 것이며, 궁극적으로 미학적 연구를 위한 하나의 화두를 제공할 것이다.

인지적 정보를 다루는 정보통신 기술(IT) 산업과 심미적 정보를 고려하는 문화 기술(CT) 산업의 균형 잡힌 발전을 기대하기 위해서는, 예술과 기술, 문화와 기술 간의 간격이 좁혀지고 서로 유기적으로 연구될 필요가 있다. 점차 새로운 문화 환경이 형성되고 있는 현대 사회에 있어서 미

디어와 대중 사회의 관계를 어떻게 볼 것인가, 그리고 미디어의 특징을 어떻게 정의할 것인가 하는 미학적 그리고 철학적 성찰은 반드시 필요한 작업이라고 보여진다.

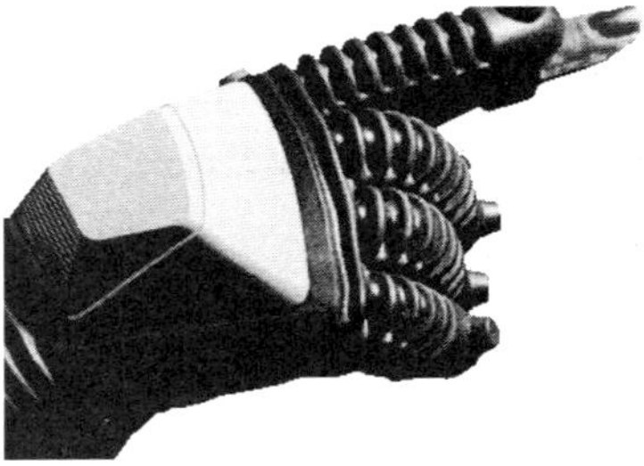

이 책에서는 현대 사회에서 멀티미디어 매체를 통해 실현되고 있는 다양한 문화·예술 활동과 문화콘텐츠 영역에 대한 근본적인 이해가 가능하기 위해서는, 이미지와 미디어 미학 연구의 대표적인 몇몇 이론가의 사상을 살펴볼 필요가 있다는 전제하에 이들의 주요 논점에 대한 간단한 소개를 목적으로 하였다.

이 책에서는 언급하지 못한 현대의 뉴미디어에 대한 구체적인 소개와 더불어, 빌렘 플루서(Vilém Flusser), 피에르 레비(Pierre Lévi), 폴 비릴리오(Paul Virilio) 등과 같은 또 다른 사상가들의 미학적 흐름을 살펴보는 것은 다음 기회를 기대하기로 한다.

제 2장

발터 벤야민

기술 복제 시대의 새로운 지각 방식

Walter Benjamin

발터 벤야민(1892-1940)의 생애와 저서

벤야민은 1892년 6월 15일 독일 베를린에서 유태인의 아들로 출생했다. 그는 베를린에서 유년 시절을 보냈고, 이후 1911-1912년에 걸쳐 독일 남부에 위치한 프라이부르크에서 철학과 문화를 공부한 후, 베를린으로 다시 돌아온다. 1915년 숄렘과 교분을 갖기 시작했는데 그를 통해 유대교의 카발라를 체계적으로 접하게 된다.

벤야민은 1917년 결혼하여 스위스 베른에서 계속 공부를 하게 되는데, 여기서 『독일 낭만주의 예술비평 개념』이라는 제목으로 학위 논문을 제출한다. 1923년에는 벤야민 사상의 또 다른 한 축을 형성하게 되는 아도르노를 접하게 된다.

1923년에 교수 자격 취득 논문으로 『독일 비극의 기원』을 제출했으나, 당시 프랑크푸르트 대학의 보수적 학풍으로 인해 벤야민의 논문은 거절된다. 1924년에 카프리 섬에서 장기간 거주하게 되었는데, 이때 브레히트와 라시스를 알게 된다. 라시스는 여류 감독으로 마르크스주의자였다. 벤야민은 그를 통해 마르크스주의에 입문하게 되었는데, 이때부터 벤야민의 사상이 이전에 쓰여졌던 논문과는 구분되는 후기 예술 사상이 정립되기 시작한다.

이전의 사상이 문학적이고 문화사적이었다면, 이후 그의 사상은 마르크스주의에 경도되어 마르크스주의적 예술을 표방하게 된다. 1927년에는『아케이드 프로젝트』를 착수하기 시작하였으나 미완성의 원고로 남게 된다. 이 책은 매우 두꺼운 원고로 되어 있는데, 여기에는 벤야민 자신의 글은 남겨져 있지 않으나, 그의 사상을 엿볼 수 있게 하는 많은 '인용문'들이 수록되어 있다. 비록 정리되지 않은 원고이기는 하지만 그의 사상적 진수를 엿볼 수 있는 책이라 할 수 있다.

1928년에는 『독일비극의 기원과 일방통로』를 출판했고, 1933년에는 나치를 피해 파리로 이주하게 된다. 파리라는 도시는 그에게 도시로서 다가온 것이 아니라 자본주의의 욕구, 시련, 만족들을 읽을 수 있는 하나의 거대한 텍스트였다.

프랑크푸르트 학파의 연구소가 뉴욕으로 가게 되고, 집으로부터의 원조가 끊어지게 되면서, 벤야민은 경제적 어려움에 빠지게 된다. 그러나 바로 이 시기에 그는 마르크스주의적 예술이론에 대한 완성을 이루게 된다. 1936년의 대표작 「기술복제시대의 예술작품」이 바로 그것이다.

1940년의 독일의 프랑스 점령 이후 스페인으로의 남진이 이뤄지자, 벤야민은 아도르노를 통해 미국으로의 탈출을 시도했지만, 스페인 국경에서 결국 출국을 거절당하게 된다. 이때 벤야민은 몰핀을 과다 복용하고 자살을 시도함으로써 그의 일생을 마감하게 된다.

1. 아우라(Aura)의 사라짐

벤야민(Walter Benjamin)은 예술의 이해에 있어 새로운 복제 기술의 등장이 어떠한 영향을 미칠 것인가 하는 문제에 대하여 근본적인 미디어 미학적 질문을 던진다. 1930년대 프랑스 망명 시절에 발표된 「기술복제시대의 예술작품」이라는 짧은 글을 통해서 그의 이론을 피력하게 되는데, 여기서 그는 '기술'이라는 것이 예술가가 사용하는 단순한 도구가 아니라, 예술 생산과 예술 작품의 수용을 위한 선험적 조건임을 강조하고 있다. 또한 여기서 그는 파시즘이 소위 '정치의 미학화'를 추구하는 데 맞서, '예술을 정치화'해야 할 필요성에 대해서 역설한다. 마르크스의 『자본론』이 자본주의가 미처 정립되기도 전에 다분히 예언적인 주장을 폈던 것처럼, 그 자신 역시 변화하는 시대적 흐름에 대해 앞으로 어떠한 변화의 양상을 띠게 될 것인가를 예측할 수 있어야 한다는 학문적 사명감을 강조하고 있다.

벤야민이 강조하는 그 중요한 변화란 다름 아닌 기술의 변화이다. 물론 그는 이 글에서 생산 조건의 변화라는 표현을 사용하고 있으나, 당시의 사회가 근대적 산업사회의 형태를 갖추어 가는 과정이었던 시대적 상황을 고려할 때, 여기서 의미하는 생산 조건이란 근대적 의미의 '기술'인 셈이기 때문이다. 이어 그는 자신이 관심을 가지는 문제를 다음과 같이 표현하고 있다. "권력을 장악하고 난 후의 프롤레타리아트의 예술이 어떠할 것인가 하는 테제를 논의하기 보다는, 오늘날의 생산 조건 하에서 예술이 어떤 방향으로 나아갈 것인가 하는, 예술 발달의 흐름에 관한 테제들에 대한 문제를 논의하는 것이 바람직하다."[1] 즉 당시의 생산 조건들, 즉 기술적 발전에 대한 논의와 함께 예술 발달의 흐름을 직접적으로 분석하겠다는 의미로 해석된다.

그는 복제 기술의 발달사를 개괄하면서 19세기 초 석판인쇄와 사진술의 발명으로 가능해진 기술적 대량 복제가 인간의 생활 방식에서 종전의 수공업적 복제와는 질적으로 상이한 변화를 가져왔음을 지적한다. 그에게 있어서 기술 복제라는 개념은 현대 예술을 이해하는데 있어서 매우 중요한 개념이다.

서양 예술의 역사는 고대 청동상의 주조에서부터 판화, 인쇄술, 그리고 부식 동판화와 석판화에 이르기까지 수공업 복제 기술 발달의 역사라 할 수 있다. 그러나 오늘날의 예술은 인쇄술과 사진술의 발달로 인해서 대대적으로 기계적 이미지의 복제가 가능하게 되었다. 특히 19세기의 대중들은 과거와 비교해서 다음과 같은 이중의 변화를 목격하게 된다. 즉 첫째 변화는 석판화 기술이 일간 신문이라는 매체와 결합하게 됨으로써 대중들은 신문에 삽입되는 삽화를 접하게 된다는 점이고, 두 번째 변화는 사진의 발명으로 인해 손으로 작업하던 예술가의 임무가 고정된 피사체를 바라보는 임무로 변화되었다는 점이다.

새로운 기술은 사람들의 시각을 변화시키고 또한 시간에 대한 개념 역시 변화시켰다. 기술에 의하여 '영원성'의 개념이 '현재성'으로 대치되고, '지속성'이라는 개념이 '순간성'으로 대치되는 현상을 사람들은 목격하게 된다. 전통적인 예술의 이미지들이 '유일성'과 '지속성'에 의해 특징지어졌다면 복제품들은 '반복성'과 '순간성'에 의해 특징지어 진다. 기술은 또한 예술 작품이 가진 유일성을 제거해 버리게 되고 그래서 개인이라는 유일성 역시 대중 사회속에 묻혀 버리게 된다. 결국 기술 복제는 사회 자체를 변화시키게 되는데, 즉 개인이 중심이 되는 사회가 아니라 대중이 중심이 되는 사회로 변화시키게 되는 것이다.

그는 이 논문에서 특히 기술 복제 시대의 예술의 가장 큰 특징을 '아우라의 사라짐'이라고 정의하고 있다. 전통적으로 예술 작품이 '유일성' 그리고 '진품성'이라는 객관적 특성으로 파악되었다면, 이와 같이 예술 작품을 수용하는 지각 방식에서도 변화가 생기고 있는 점을 주목하는 것이다. 그에게 있어서 '아우라의 사라짐'은 현대의 새로운 예술 형식의 등장과 함께 새로운 지각 방식의 등장을 의미하고 있다.

그렇다면 '아우라'는 어떻게 정의되는가? 벤야민은 아우라를 여러 각도에서 설명한다.[2] 「기술복제시대의 예술작품」에서 아우라는, 예술 작품이 가지고 있는 '자신만의 유일무이한 특성', '원작의 여기와 그리고 지금', 그리고 '진품성'이라고 정의된다. 특히 "어떤 사물의 진품성이란, 그 사물의 물질적 지속성과 함께 그 사물의 역사적 증언가치 전체를 포함하여, 그 사물에서 원천으로부터 전수될 수 있는 모든 것의 총괄 개념이다"라고 정의되고 있다. 하지만 진품성은 위조품 앞에서는 힘을 발휘해도 복제 앞에서는 무력하다. 왜냐하면 기술적 복제는 확대 기법이나 고속 촬영 등의 기계적 조작을 통해 자연적 시각으로는 포착할 수 없는 이미지를 고정시킬 수 있는 특징을 가지며, 또한 원작으로서는 도달 불가능한 상황에 원작의 모상을 옮겨 놓을 수 있기 때문이다.

아우라는 또한 "아무리 가까이 있더라도 먼 것의 유일무이한 현상"이라고 정의된다. 이때의 거리감은 단순히 공간적 차원만을 가리키는 것이 아니라 시간적 차원을 의미하기도 한다. 벤야민은 이런 관점에서 아우라를 "공간과 시간이 교묘하게 얽혀 있는 거미줄 같은 것"이라고 규정한다. 이를 조금 더 구체적으로 설명하기 위하여 다음과 같은 자연 현상을 예로 든다.

> 어느 여름날 오후 휴식의 상태에 있는 자에게 그림자를 던지고 있는 지평선의 산맥이나 나뭇가지를 보고 있노라면, 우리는 이 순간 이 산, 이 나뭇가지가 숨을 쉬고 있다는 느낌을 받는다.

먼 것을 가까이에서 느끼는 이 현상은 상호 주관성의 개념으로 지각성, 즉 바라보는 것과 바라보아지는 것의 두 가지 현상을 다 포함한다. 벤야민은 「보들레르의 몇 가지 모티브에 관하여」에서 아우라를 다음과 같이 지각의 경험으로서 표현하고 있다.

> 아우라의 경험이란, 인간들 사회에서 통상적으로 드러나는 어떤 반응 형식을 인간에 대한 생명 없는 무엇 혹은 자연의 관계로 이전시키는 데 있다. 누군가에 의해 바라보아지는 자 혹은 누군가 자신을 바라보고 있다고 느끼는 자는 고개를 들어 그를 바라본다. 우리가 어떤 현상의 아우라를 경험한다는 것은, 시선을 되돌려주는 능력을 그 현상에 부여하는 것이다.

이러한 설명에 따르면, 아우라의 경험에서 중요한 것은 대상 자체가 아니라 대상을 바라보는 시선이다. 여기서 아우라는 무엇보다도 시선의 경험으로 규정되고 있는데, 아우라는 예술 작품에뿐 아니라 자연이나 인간 심지어 단어를 바라보는 시선에도 주어지는 특이한 경험을 의미한다. 어떤 대상을 바라보면서 그 대상이 우리의 시선에 응답해 주리라는 기대가 충족되는 곳에서, 우리의 시선에는 "아우라의 경험이 풍요롭게 주어진다." 벤야민의 글에서는 이와 같이 다양한 방식으로 아우라가 정의되고 있다.

벤야민은 현대인의 지각 작용의 매체에서 생긴 변화가 아우라의 사라짐으로 설명될 수 있다면, 이러한 붕괴가 일어나게 된 사회적 조건들을 제시할 수 있을 것이라고 주장한다. 아우라 붕괴의 사회적 조건은 점차 중요성을 더해가는 대중의 중요성과 관련된 것인데, 첫째로는 사물을 공간적으로 또 인간적으로 좀 더 자신에게 가까이 끌어 오고자 하는 대중의 욕망으로 인해서, 둘째로는 복제라는 방식을 통해서 모든 사물의 일회적 성격을 극복하고자 하는 대중의 욕망으로 인해서 형성된다는 것이다. 이로 인해 '아무리 가까이 있어도 어떤 먼 것의 일회적 나타남'으로서의 아우라는 붕괴하게 되는 것이다. 모사와 복제는 이러한 붕괴를 가능하게 한 기술적인 조건이다. 대상을 그것을 감싸고 있는 껍질로부터 떼어내는 일, 다시 말해 아우라를 파괴하는 일은 현대의 지각 작용이 가지고 있는 특징이다.

영화는 기술적 복제가 창작의 내재적 속성으로 전환된 영역의 예로서 복제를 내적 원리로 한다는 점에서 아우라 붕괴 시대의 예술을 대표하고 이끌고 있다고 할 수 있다. 아우라가 가까이 있더라도 어떤 먼 것의 일회적 나타남이라면, 복제 기술은 이 일회적 나타남을 파괴하고 있다. 그것은 일회적 산물을 대량 제조된 산물로 대치시키고 그로써 "아무리 가까이 있어도 어떤 먼 것의 일회적 나타남"을 "아무리 멀리 있어도 어떤 가까운 것의 반복적인 나타남"으로 바꾸어 놓는다.[3)]

벤야민은 작품의 유일무이한 현존성, 진품성, 아우라의 개념과 더불어 작품의 제의(祭儀) 가치의 개념을 논의한다. 즉 예술 작품이 가진 진품성과 함께 아우라를 예술 작품의 종교적 기원과 관련된 개념으로 설명하고 있다. "예술 작품의 아우라적 존재 양식은 그 작품의 종교적 기능과 따로 떼어서 생각할 수 없다." 종교 의식에 쓰이는 이미지의 특징은 일반적으로 접근할 수 없다는 데에 있다. 종교적 제의 가치를 지닌 예술 작품에 대한 아우라 경험의 가장 본질적인 특징은 멀고도 가까운 관계로 실현되는 독특

한 거리감이다. 예술 작품의 유일무이한 가치는 이처럼 "예술 작품에 대해 최초로 본래적 사용 가치를 부여했던 종교적 의식에 근거한다." 기술 복제 이전의 예술 작품은 종교적 숭배의 대상으로 그리고 주술의 도구로서의 종교적인 기능을 수행해 왔다. 하지만 예술의 종교적 기능은 기술의 복제 가능성에 의해 점차로 그 힘을 상실하게 된다.

예술 작품이 종교에서 해방됨으로써 예술은 자신의 종교적 '제의 가치'를 상실하게 되는 대신, 새로운 가치 즉 '전시 가치'를 가지게 된다. 가까이 있더라도 어떤 먼 것의 유일무이한 현상으로의 전통적 예술 작품의 유일한 가치, 즉 가까이 할 수 없음에서 형성되는 종교적 숭배 가치로서의 아우라는 대량의 기술 복제 가능성을 통해 사라지게 되었으며 이로써 진품과 복사의 구별도 무의미하게 되었다. 이 현상을 벤야민은 아우라의 사라짐이라고 명명하는 것이다. 예술 작품의 기술적 복제 가능성은 처음으로 예술 작품으로 하여금 지금까지의 종교적 의식 속에 살아온 기생적 삶의 방식을 벗어나도록 하였고, 종교 의식에 근거를 두고 있던 예술의 사회적 기능 자리에 또 다른 사회적 실천, 즉 정치에 근거를 둔 예술의 기능이 들어서게 된다.

2. 사진의 역사

기술적 복제의 시작을 알리는 '사진'이 역사의 무대에 등장하면서 예술의 영역을 지배하던 제의 가치는 전시가치에 의해 밀려나게 된다. 벤야민의 논문 「사진의 짧은 역사」에서 그는 사진의 역사를 다루고 있는데, 이 논문의 상당 부분은 후에 저술되는 「기술복제시대의 예술작품」이라는 논문 속에 다시 등장하게 된다.4)

벤야민은 여기서 사진의 역사가 이미 90년이 되었고, 그 동안 사진술 자체가 많이 변했음에도 아직도 사진에 대한 관념은 변하지 않았다고 주장한다. 이러한 주장과 함께 그는 사진술의 역사를 개관하는데, 초기 사진 시대는 은판 사진술의 시기여서 사진 촬영 비용이 높았기 때문에 사진이 경제적으로 유력자들에게만 해당되는 영역이었다면, 그 이후에는 명함판 사진 기법이 등장하기 시작하면서 대중적으로 널리 확산된다는 것이다. 사진기가 더욱 널리 보급되면서는 동네마다 사진관이 생기고, 누구나 사진기를 가지게 되면서부터는 이제 사진의 성격 자체가 변모하게 된다.

초기 사진의 시기는 기술 복제이긴 했지만 대량 복제

는 아니었다. 벤야민은 인간의 얼굴을 담은 초창기의 초상화 사진은 제의 가치의 최후의 보루로서 아우라가 있었음을 인정한다. "그 주위에 미묘한 아우라, 다시 말해 그 사진을 보는 사람의 시선에 충만함과 안정감을 부여하는 어떤 매질(媒質)이 있었다." 초기 사진의 아우라는 긴 노출시간을 필요로 했던 초기 카메라의 기술적 조건과 또한 사진에 등장하는 사람들 자체에 대한 관찰에 의해서 설명된다. 초기의 사진판은 감광 작용이 약했기 때문에 야외에서 오랫동안 햇빛에 노출되어 있어야 했다. 또한 노출 시간이 길었기 때문에 빛을 모으는데 방해가 되지 않는 인적 드문 장소, 예를 들어 조용한 묘지 같은 장소에서 촬영이 이루어져야 했다. 게다가 모델은 오랜 시간을 부동자세로 정지하고 있어야 했다.

벤야민이 아우라를 규정할 때 눈과 눈의 마주침에 대한 현상이 언급된다. 실제로 초기 사진은 이와 같이 노출시간이 길다 보니 사진을 찍는 사람과 모델 사이의 시선교환과 같은 모종의 인격적 관계가 형성이 된다. 즉 초기 사진에서는 벤야민이 설명하는 일종의 아우라가 형성되는 것이다. 하지만 후기 사진 시대에 이르게 되면 보다 발전된 사진 기술로 인해 초기 때와 같은 장시간의 촬영 시간을 필요로 하지 않게 된다. 따라서 과거 촬영 장소였던 묘지의 어둠을 밀어내고, 어색하고 경직된 자세도 사라져 갔다.

사진의 역사 초기에 아우라를 가진 작품으로서 영국의 사진작가 데이비드 힐(David Hill 1802-1870)이 찍은 무명의 한 아낙네의 사진을 들 수 있다. 뉴 헤이븐의 한 어부 아낙네의 사진에 대해 벤야민은 다음과 같이 설명하고 있다.

데이비드 힐 <뉴 헤이븐의 아낙네> 1843-47

"무관심하면서도 유혹적일 정도의 수줍은 눈길로 땅을 내려다보고 있는 이 여인의 사진에는 (...) 한 때 살았지만 오늘날에도 생생하게 살아남아, 결코 <예술> 속에는 완전히 병합되기를 꺼려하면서 여인의 이름이 무엇이냐고 끈질기게 묻고 있는, 그래서 도저히 침묵시켜 버릴 수도 없는 그 어떤 것이 그대로 남아 있다."

벤야민은 카메라의 시선과 카메라맨의 시선을 동일시 한다. 그리고 이것을 화가의 시각과 비교하고 있다. 카메라맨과 화가의 차이를 외과 의사와 마술사의 차이로 설명하면서 벤야민은 다음과 같은 결론을 내린다. "화가는 주어진 대상으로부터 자연스러운 거리를 유지하는데 반해 카메라맨은 주어진 대상의 조직에까지 깊숙하게 침투한다." 외과의사가 수술에서 그의 환자를 인간 대 인간으로 대하는 것을 포기하고 그 대신 수술을 통하여 환자의 내부로 파고 들어가듯이, 카메라맨의 시각은 대상과의 거리감을 포기하고 대상의 숨겨진 세부 사항에 초점을 맞춘다는 것이다.

이처럼 대상의 내부로 깊숙이 파고 들어가는 시각을 선구적으로 보여준 사진작가는 으젠느 앗제(Eugène Atget 1856-1927)이다. 벤야민에 의하면 앗제의 공적은 "대상을 아우라로부터 해방"시켰다는 점에 있다. 사진이 등장한 초창기에는 멀리 있거나 죽은 사람을 기억하는 제의 의식적 행동으로부터 도피처를 찾으려는 초상 사진이 주종을 이루었다. 하지만 앗제가 사람이 없는 파리의 거리를 촬영하면서 이때부터 사진은 역사적 사건의 증거물이 되었다. 앗제는 거창한 광경 대신에 길게 줄지어 있는 구두, 미처 치우지 못한 식탁 위에 놓인 수백개의 그릇들과 같은 장면을 찍고 철저하게 인물 사진을 배제하였다. 현실에서 사라져 가는 것, 못쓰게 된 것, 눈에 띄지 않는 것들에 초점을 맞춤으로써, 앗제는 우리에게 새로운 공간을 열어 보이게 되는데, 이 공간에는 우리에게 친숙한 것 대신에 아주 낯선 것들이 들어선다.

> 앗제는 거창한 광경이나 이른바 상징적 기념물들은 지나쳐 버리기가 일쑤였다. 그러나 그는 긴 구두가 길게 늘어서 있는 광경, 아침부터 저녁까지 손수레가 줄지어 늘어서 있는 집 마당의 광경, 식사를 한 뒤의 식탁과 미처 치우지 못한 수백 개의 그릇들, 건물 정면의 네 군데에 5라는 숫자가 엄청나게 크게 부각되어 있는 사창가 등을 놓치지 않았다. 그런데 이상한 것은 이들 사진이 한결같이 공허하다는 점이다.

앗제의 사진에서 보듯이 사진의 이미지 공간과 관찰자의 관계는 아우라를 지닌 전통적 예술 작품에서와 같은 관조적 침잠을 배제한다. 사진의 영상이 충격처럼 관찰자에게 다가오면서 관찰자의 연상 메커니즘을 정지시키기 때문이다. 충격적으로 밀려오는 영상은 마치 그것이 눈 표면에 직접 부딪히는 것과 같은 효과를 주게 되는데, 이와 같이 충격 체험에 익숙해진 눈은 이제 촉각과 유사한 기능을 지니게 된다.

벤야민에 의하면 오늘날의 경험 세계는 충격적 인상이 우세하기 때문에 "우리의 지각 구조에 부과된 과제가 더 이상 관조에 의해서는 해결될 수 없다." 이러한 과제를 해결하기 위해서는 대상을 관조적으로 바라보는 자세가 아니라, 충격적 이미지를 재빠르게 정복하는 정신 집중이 필요하다는 것이다.

으젠느 앗제 <센느 거리 모퉁이> 1924년경

여기서 벤야민은 사진의 위상을 높인 또 다른 작가로 아우구스트 잔더(August Sander 1876-1946)를 들고 있다. 벤야민은 현실을 인식하는 데에 있어서의 사진의 한계를 극복하기 위해서는 사진의 시리즈나 사진의 몽타주 같은 구성적 방법이 필요하다고 생각했다.

잔더의 인물 사진 시리즈는 관상학적 관점 아래 묶여 있다는 점에서 초창기의 초상 사진과 대비된다. 벤야민에 의하면 『시대의 얼굴』이라는 잔더의 인물 사진 시리즈는 일종의 사회학적 관상학을 제시하고 있다. 잔더는 농부를 위시해서 각종 계층의 모든 연령의 사람들, 그리고 온

갖 직종에 종사하는 사람들, 또한 사회로부터 추방된 자, 맹인, 병자, 노인에 이르기까지 모든 유형의 인물들을 사진에 담았다. 그러한 사진 시리즈는 한 사회에 대한 일종의 보고서와도 같다고 보여진다.

아우구스트 잔더 <철도 공무원> 1910

3. 영화, 충격과 촉각

산업화와 근대화가 가져온 인간 생활의 가장 큰 변화는 대도시의 등장이라고 할 수 있다. 대도시라는 변화된 조건과 공간에서 인간은 대중이라는 새로운 인간 유형의 존재로서 새로운 체험을 하게 된다. 인간은 이러한 새로운 삶의 형태가 반영된 새로운 예술 형식을 원하게 되는데, 이것이 바로 '영화'이다. 다시 말해서 대도시에서 움직인다는 것은 개개인으로 하여금 일정 충격과 충돌의 체험을 의미한다. 자극과 충격과 충돌 체험이 넘쳐나는 대도시에서 삶을 영위하는 대중들의 지각 방식에는 이미 변화가 있었고, 대중들은 이에 상응하는 예술 형식을 원하게 된다. 이러한 욕구와 맞물려 영화가 등장하는 것이다. "어떤 새롭고 절박한 자극을 원하는 욕구에 부응하여 드디어 영화라는 것이 등장하였다. 영화에 이르러서는 충격의 형식을 띤 지각이 일종의 형식적 원리가 되었다."

벤야민은 영화를 기술 재생산 시대의 대표적 예술 형식이자 예술의 새로운 기능성을 열어주는 것으로 파악했다. '사진'이 '예술의 가치 변화'에 결정적인 영향력을 행사했다면, '영화'는 '인간의 지각 방식'에 결정적인 영향력을 행사하는 것이다. 영화는 움직이는 사진들로 이루어지기 때문이다. 즉 영화는 정적인 이미지로부터 움직이는 이미지로의 전환을 가져온 것이다.

그러므로 벤야민은 연속되는 움직이는 그림들로 이루어진 영화 화면과 영화의 여러 효과들, 즉 편집과 오버 랩 등에 의해 시각적 환영과 새로운 지각 체험이 가능하게 되었다고 보았다. 그리고 영화의 편집 기술을 통해 자연적인 시공간을 해체하고, 연대기적이고 논리적인 시간 개념을 해체하기에 이르렀다고 보았다. 이 점에서 벤야민에게 있어서 영화는 하나의 미학적 대상으로 아주 중요한 의미를 갖는다.

살아 있는 듯이 활동적으로 움직이는 그림들은 관객들에게 새로운 지각 경험을 제공한다. 전통적 예술 작품을 감상할 때 '집중'이 요구되는 것과는 달리, 새로운 예술 형식으로서의 영화는 자신의 고유한 형식으로 인하여 집중보다는 '산만(散漫)함'을 요구하고 또한 '촉각적 지각' 방식에 호소하게 된다. 벤야민은 사람들이 영화를 지각하는 방식을 하나의 공간적 건물을 지각하는 행위에 비유하는데, 우리가 가령 어떤 건물에 들어가서 13층을 찾아간다고 하자. 이 경우 머릿속에 그 공간적 설계도를 그려보고 그에 따라 몸이 이동하는 것이 아니라, 일단 몸으로 직접 들어가서 시시각각 변하는 경로를 몸으로 체험하고 기억한다는 것이다. 그래서 전혀 다른 생각을 하면서도 목적지를 찾아갈 수 있다는 것이다. 이것이 바로 그가 강조하는 촉각적 지각 방식이다.

벤야민은 현대 사회가 지각에 부여한 과제를 해결해 주는 것이 영화 매체라고 보았다. 우리는 영화를 보면서 현대 사회의 속도에 맞는 시뮬레이션을 통해 지각을 훈련시키고 있기 때문이다. 정신 분석적으로 정신의 산만함과 정신의 집중은 서로 상반되는 개념이다. 예술 작품에 정신 집중하는 사람은 그 속으로 빠져 들어간다. 이에 반해 정신이 산만한 대중은 예술 작품이 자신들 속으로 빠져 들어오게 한다. 영화를 오락의 대상으로 수용하는 주체는 결코 그것이 제공하는 내용을 맹목적으로 수용하지 않으며, 산만한 지각을 통해서 그것을 즐김과 동시에 비판할 수 있는 것이다.

정신적 오락과 분산적인 체험에서 중요한 것은 영화에서 사용되는 몽타주 기법이다. 영화가 등장하기 이전 연극과 문학에서는 논리적이고 연대기적인 시·공간적 배열이 이루어졌다. 그러나 몽타주 기법의 도입으로 인해 비논리적이며, 시·공간에 대해서 임의적인 재배열들이 가능해졌다는 사실을 들 수 있다. 벤야민에 따르면 몽타주 기법은 관객에게 '쇼크'를 줄 수 있다. 이 쇼크는 그가 말하는 새로운 지각 중 일부로서 텍스트로부터의 '거리두기'를 유인하게 된다.

벤야민은 바로 이러한 예술과 이를 수용하는 주체 사이의 관계의 변화에 주목한다. 예술과 수용자와의 관계에 대한 벤야민의 시각은 브레히트(Bertold Brecht 1898-1956)와 많은 관계가 있다. 브레히트는 관중이 극 속에 몰입되는 것을 의도적으로 막음으로써, 그들로 하여금 비판적 거리를 유지하도록 했다. 그것이 기존의 미적 가상을 깨어버리는 '소격 효과'이다. 영화는 시각의 무의식적 층위를 보여준다. 즉 이것은 소위 '낯설게 하기'로서 사람들이 너무 익숙해서 의식하지 못해 왔던 것을 새롭게 꺼내어 다시 보여주는 효과이다. 벤야민은 이러한 브레히트적 '소격 효과' 기법과 '낯설게 하기' 기법이 영화 예술과 사진 예술에는 이미 내재되어 있고, 이것이 바로 '미디어의 성격'이라고 주장하면서 이에 대한 긍정적인 시선을 보낸다.

벤야민은 영화와 관련하여 카메라에 의해서 열려진 시각적 무의식의 공간을 다음과 같이 설명하고 있다. "영화는 사물을 확대하여 보여 주고, 우리에게 익숙한 사물의 숨겨진 세부적 사항에 초점을 맞추고, 카메라 렌즈의 뛰어난 방향 조정에 따라 진부한 주위 환경을 천착함으로써,

한편으로는 우리의 삶을 지배하는 필연성에 대한 인식을 증가시키고 다른 한편으로는 우리가 전혀 상상하지 못했던 엄청난 유희 공간을 확보해주는 것이다."

영화는 사물의 새로운 구조뿐 아니라 인간의 삶을 보다 더 자세히 인식할 수 있게 도와주는 기능을 한다. 또한 고속도 촬영 기법을 이용하여 익숙한 이미지의 움직임을 이 세상 밖에 있는 듯한 이미지의 움직임으로 바꾸어 줌으로써, 의식의 공간을 무의식의 공간으로 이동시킨다. 공간과 시간의 변화를 통해 보여지는 시각적 무의식의 세계는, 마치 정신 분석학을 통해 충동의 무의식 세계를 알게 되는 것과 같다고 벤야민은 지적하고 있다. 눈에 띄지 않은 채 지각의 넓은 흐름 속에 함께 들어 있던 사물의 흐름을 잘라내어 클로즈업 시킴으로써 감각 세계를 풍부하게 해준다는 것이다. 정신분석학을 통해 우리가 충동의 무의식의 세계를 알게 된 것처럼, 카메라의 하강과 상승, 중단과 분리, 확대와 축소를 통해 우리는 시각의 무의식적 세계를 알게 된다. 과거의 예술이 우리에게 미를 향유하게 했다면 영화 예술은 우리에게 충격 효과를 주게 된다.

> 우리들의 술집과 대도시의 거리, 사무실과 가구가 있는 방, 정거장과 공장 – 지금까지 우리는 바로 이러한 것들 속에 구제할 길 없이 갇혀있는 것처럼 보였

> 다. 그러던 것이 영화가 등장함에 따라, 이러한 감옥의 세계가 10분의 1초의 다이너마이트로 폭파됨으로써 우리는 사방으로 흩어진 감옥세계의 파편들 사이에서 유유자적하게 모험에 가득 찬 여행을 시도할 수 있게 되었다.

우리는 오늘날 미학과 예술의 영역에서 사진, 영화 그리고 다양한 광고 사진들을 하나의 주된 연구 대상으로 받아들이는 데에 주저하지 않는다. 그러나 이러한 영역들이 처음 등장하였을 때 이들은 전혀 학문적 연구 대상으로 고려되지 못하였고, 오히려 일종의 하위 문화로서 평가절하되었었다. 그러나 벤야민은 일찍이 이러한 새로운 형태의 대중 예술이 가져올 사회적 여파를 간파하였고, 또 대중 예술에 진지하게 접근함으로써 미학의 영역을 일상의 영역에까지 확대하였다. 이것은 벤야민에게 있어서는 기존의 전통 예술의 몰락을 의미하였으며 예술을 둘러싼 신비감을 벗겨내는 결과를 의미하기도 하였다. 이것이 바로 벤야민이 말하는 긍정적 의미에서의 아우라의 사라짐인 것이다.

4. 벤야민 미학의 의의

미디어 미학의 선구자로서의 벤야민 이론을 고찰할 때, 벤야민의 가장 큰 업적의 하나는 지각과 수용의 관점에서 기술 재생산 시대의 예술 작품을 고찰했다는 점이다. 벤야민에 의하면 사회가 바뀌면 인간의 지각 경험과 미적 체험도 바뀌며, 그렇기 때문에 예술이 인간에게 요구하는 지각 방식 또한 바뀌게 된다는 것이다. 뿐만 아니라 예술 작품도 바뀌게 되기 때문에, 이를 수용하는 방식과 예술 작품이 가지고 있는 가치와 기능 등에 있어서도 전반적인 변화가 일어난다는 것이다. 이것이 바로 벤야민 미학의 전제이다.

그는 자신이 살고 있던 시대 즉 사진과 영화가 대중적 매체로 자리 잡고 있던 그 시대의 예술 작품들을 기술 재생산 시대의 예술 작품이라 규정하면서, 이에 대한 적극적인 탐구를 모색한다. 벤야민은 과거의 예술에 대한 예술 이론을 정립하고자 한 것이 아니라, 본인이 몸담고 있는 동시대에 지금 일어나고 있는 예술 현상에 대해 설명하고자 시도했던 것이다. 또한 이러한 예술 작품이 전통적 예술 작품과 어떻게 다르며, 이것이 가져올 수 있는 혁명적 변화가 어떠한 형태가 될 것인가에 대해 설명해 내고자 했다.

예술은 사회적 산물이기 때문에 예술은 그 시대의 기술적 발달 상황과 미디어의 발달 상황에 민감하게 반응할 수밖에 없다. 이는 단지 예술에만 해당되는 상황이 아니다. 벤야민 당시의 동시대나 그 이후의 사상가들은 새로운 미디어가 가져올 수 있는 부정적 기능과 부정적 효과, 특히 예술 영역에 가져올 수 있는 부정적 효과 등에 대해 매우 우려의 시선을 보냈다. 반면 이와 달리 벤야민은 새로운 매체의 등장을 매우 긍정적이고 본질적인 변화로 파악하고 있다는 점이 주목된다.

마틴 하이데거

일례로 하이데거(Martin Heidegger 1889-1976)의 경우 1953년 뮌헨에서 강연한 「기술에 대한 논구」에서 그는 현대 기술의 본질이 '닦달하는 것'(Ge-stell)이라는 주장을 펼친다.[5] 즉 현대 기술은 모든 존재하는 것들의 특성과 다양한 측면들을 무시하고 그들 각각의 의미를 기술적 맥락에만 한정하려는 경향이 있다는 것이다. 현대 기술은 자연에게 에너지와 원자재를 내 놓으라고 강요한다. 현대 기술 앞에서 모든 존재물은 필요하면 언제라도 갖다 쓸 수 있고 대체 가능한 '부품'이 되어 버린다. 강물은 수력 댐을 통해 에너지를 공급하는 자원일 뿐이고, 울창한 숲은 신문을 만드는 데 사용되는 종이의 재료일 뿐이다.

또한 아도르노와 호르크하이머의 경우를 보면, 이들은 『계몽의 변증법』에서 대중 문화를 '문화 산업'이라는 용어로 대체하여 「문화 산업 : 대중기만으로서의 계몽」이라는 제목으로 대중 문화를 비판하고 있다.[6)]

> 문화 산업은 소비자의 모든 욕구가 실현될 수 있는 것처럼 제시하지만 그 욕구들은 문화 산업에 의해 사전 결정된 것이다. 소비자들은 자신을 영원한 소비자로서, 즉 문화 산업의 객체로서 느끼게 되는 것이 체계의 원리다.

위에서 보듯이 새로운 미디어에 대한 분석의 틀은 주로 매체의 영향에 초점이 맞추어지고 그것이 가지고 있는 조작적이고 부정적인 효과의 측면에 대한 논의가 더 많다. 그러나 벤야민은 이러한 문제가 미디어 자체가 가지고 있는 본성에서 기인하는 것이 아니라, 그것이 어떻게 활용되는가 하는 문제로부터 좌우되는 성격으로 파악하였다. 이런 점에서 벤야민은 긍정적 방향에서 사용될 수 있는 미디어의 활용에 관심을 가지고 있었다고 보여진다. 즉 새로운 성격의 정치적 그리고 사회적 측면에서 미디어를 바라본 것이다. 특히 그는 예술의 영역에서 사용되는 미디어와 기술에 대해서 아주 긍정적인 전망을 가지고 있었다. 벤야민은 새로운 미디어에 의해 가능해진 새로운 예술 형식을 진정한 하나의 예술 형식으로 받아들이고 있는 것이다.

제 3장

마셜 매클루언

구텐베르크 은하계와 인간의 확장

Marshall McLuhan

마셜 매클루언(1911-1980)의 생애와 저서

매클루언은 1911년 7월 캐나다 앨버타주의 에드먼턴(Edmonton)에서 태어났다. 1928년 캐나다 마니토바 대학교에 입학해 기계공학을 공부하다가 영문학으로 전공을 바꾸어 졸업했다. 그후 영국 케임브리지 대학교에서 토머스 내시(Thomas Nashe)의 수사법에 대한 연구로 박사 학위를 받았다.

1939년 미국 여배우 코린 루이스와 결혼하고, 캐나다의 대학에서 영문학자로 강단에 선 뒤부터는 미디어 이론가 및 문화비평가로 변신하여 미국 미디어팝 문화의 대부로 불리게 된다. 학자로서는 예외적으로 시사전문지 《뉴스위크》의 표지인물로 선정되기도 하였다.

1955년 미국 교육방송협회 미디어 프로젝트 주임을 지냈으며, 1963년 토론토 대학교 문화기술 연구소 소장으로 취임하여 1980년까지 활동했다. 1964년 『미디어의 이해』라는 저서를 통해 '미디어는 메시지이다', '미디어는 인간의 확장이다'와 같은 견해를 밝혀 현대 미디어 이론에서 사용하는 '미디어'라는 용어와 가장 근접한 개념을 제시하였다.

그는 미디어의 발전과 인간 존재의 관계를 연구하여, 근대의 인쇄 혁명과 TV로 대표되는 전자 미디어가 서구 문명에 미칠 영향을 예견하였다. 오늘날 미국을 비롯한 서구에서는 그에 대한 새로운 평가 작업이 활발히 진행되고 있다.

저서로는 『커뮤니케이션의 탐구』(1960, 에드먼드 카펜터 공저), 『구텐베르크 은하계』(1962), 『미디어의 이해』(1964), 『미디어는 맛사지다』(1967, 꽹땡 피오르 공저), 『교실로서의 도시: 언어와 미디어의 이해』(1977) 등이 있으며, 그의 사후 『매클루언 서신』(1987), 『미디어의 법칙:신과학』(1988), 『매클루언 요론』(1995) 등 그의 사상을 소개하는 책들이 출판되었다.

1. 구술문화와 문자문화

벤야민과 같이 미디어와 인간의 지각 방식 간의 변화에 관심을 가진 문명 비평가로, 1960년대 초 등장한 캐나다의 마셜 매클루언(Marshall McLuhan)을 주목할 수 있다. 매클루언은 '인쇄술적 인간의 형성'이라는 부제가 붙은 『구텐베르크 은하계 *Gutenberg Gallaxy*』와 '인간의 확장'이라는 부제가 붙은 『미디어의 이해 *Understanding Media*』를 통해서, 커뮤니케이션 미디어의 변화에 따른 문화의 변천을 이야기하고 있다.

그는 인쇄 문화의 특징이 두드러지게 나타났던 지난 세기까지의 문화를 '구텐베르크 은하계'로 표현하고 있다. 구텐베르크 은하계의 시대는 활자로 표현된 '책'을 중심으로 세계를 인지하고 지식을 형성하며 자신의 의사를 표현하고 교환하는 시대이다. 세계를 책을 통해 인지하는 시대는 활자적 특성이 지배하는 시대이다. 이 시대는 책을 통해 세계를 보고, 또한 그 세계로 완전히 침잠하여 그 속에서 하나의 통일적 세계상을 구상하는 시대이다. 따라서 선형적이며 인과적이고, 이성적, 합리적이며 일정한 순서를 가져야 하고 질서정연하며 마침표가 있어야 하는 시대인 것이다.

그러나 이러한 시대는 새로운 매체의 등장으로 인해 사회 문화적으로 전반적인 변혁의 요구를 수용해야 하는 시대에 직면하게 된다. 즉 현대는 컴퓨터와 전자 미디어의 등장으로 '구텐베르크 은하계가 그 종말을 고하는 시대'가 되는 것이다. 구텐베르크의 활자 발명 이후 책을 중심으로 자신의 선형적 통일성을 유지해왔던 한 세계가 붕괴되어 가는 시대, 더 이상 우리가 오늘날 생각하는 바를 책의 형태로는 기록할 수 없는 시대가 온 것이다.

독일의 학자 노르베르트 볼츠(Norbert Bolz)는 이러한 새로운 시대를 "문자라는 구텐베르크적 세계로부터의 이별"로 표현하며, 새로운 커뮤니케이션 상황들이 등장하는 "지식 디자인"의 시대를 예고한다. 활자 매체를 중심으로 한 아날로그 미디어와 달리 디지털 미디어는 전에 없는 새로운 특징들로 이전과 전혀 다른 문화적 지형을 그리고 있으며, 이로 인해 문학을 포함한 예술 생산이 새로운 단계에 접어들었다는 것이다.[7)]

서구인들은 '표음문자'를 사용하였고 그리고 그 말을 필사(筆寫)하여 글로 남겼다. 구술의 전통은 오감(五感) 중 주로 청각형과 촉각형을 집중적으로 사용한다. 필사자는 암송한 내용을 글로 작성함으로써 여전히 시각과 더불어 청각과 촉각을 공유했다. 그러나 구텐베르크가 1455년 인쇄술을 발명함으로써 상황이 달라지게 된다. 글을 읽거나 쓸 때 더 이상 청각을 사용하지 않게 된 것이다. 묵독하여 글을 읽고 글을 작성할 때에는 청각과 촉각이 사용되지 않기 때문이다.

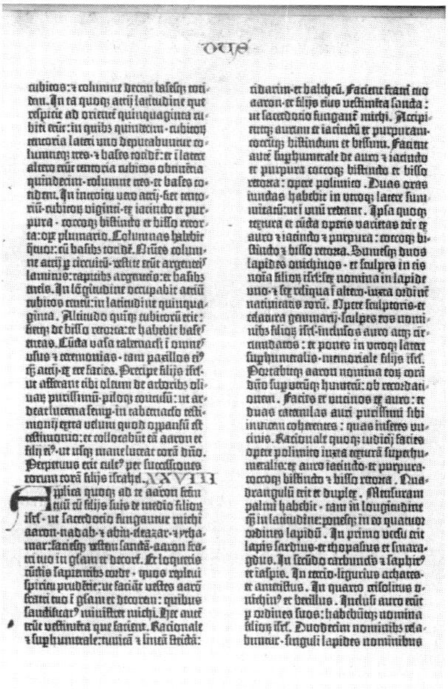

구텐베그크 42행 성경 1455

인쇄는 과거의 필사나 목판술과는 달리 대량 생산을 가능하게 하는 체계이다. 인쇄술은 대중 독자의 양산을 가져왔다. 또한 구텐베르크 인쇄술은 공간의 확장에 크게 기여하였다. 아울러 오감의 감각 중 시각 단일 감각의 사용이 급속하게 확장되었다. 눈을 통해 정보가 곧 바로 정신으로 전달되게 되는 것이다. 시각은 공간을 인지함으로써 어떤 인상이나 이념을 갖게 된다. 또한 한 곳에 눈을 집중시킴으로써 어떤 시각이나 관점이 쉽게 형성될 수 있다. 매클루언은 『구텐베르크 은하계』에서 시각을 주로 사용하는 인쇄 매체의 특성에 대해 집중적으로 논의하고 있다.[8] 『구텐베르크 은하계』는 인쇄술의 발명 이후 나타난 새로운 문화에 관한 역사적 관찰의 하나이다. 여기서는 구술 사회에서 문자 사회로의 변화를 인쇄 또는 문자라는 새로운 미디어의 출현과 궤를 같이 하면서 조명한다. 즉 우리의 경험과 지적인 관점, 표현의 형식 등이 이제 새롭게 변화된 방식과 사고의 형식을 통해 변화하고 사회·정치적으로 변모해가는 것을, 파편적이고 모자이크적인 서술 방식을 통해 기술해 나간다.

해럴드 이니스(1894-1952)

매클루언의 이러한 시도의 기저에는 캐나다 토론토 학파의 해럴드 이니스(Harold Innis 1894-1952)의 영향이 있다. 이니스는 자신의 두 저서『제국과 커뮤니케이션』(1950)과『커뮤니케이션의 편향』(1951)을 통해서 커뮤니케이션의 매체들이 단지 사고나 생각, 정보들을 전달하는 매체에 불과한 것이 아니라, 인간의 정신을 구조화하고 그것을 바탕으로 생성된 문화의 성격을 좌우한다는 사실을 설명하고 있다.

『커뮤니케이션의 편향』에서 이니스는 미디어를 두 가지로 구분한다.[9] 우선 시간 편향적인 미디어로서 내구성이 있는 매체 즉 돌이 여기 해당된다. 이집트인들이 암벽에 새긴 글자들, 오벨리스크, 스핑크스 등은 시간적으로 내구성이 강하기 때문에 지금까지도 남아 있다. 이들은 시간적으로 오래 지속이 되긴 하지만 공간적으로는 확산이 되지 못한다. 가령 돌에 새긴 지식은 오랜 시간 존속된다. 돌을 매체로 사용하는 문화에서는 지식 자체의 성격도 지구성을 가지게 되는 것이다. 즉 영원불멸하고 변화에 종속되지 않는 지식의 형태이다.

반면 두 번째로 공간 편향적인 미디어를 들 수 있는데, 이러한 대표적인 형태로 종이를 들 수 있다. 이 형태는 가볍고 공간적인 확산이 용이한 반면 오래 지속되지는 못한다. 오래 지속되지 못한다는 것은 단지 매체 자체가 금방 닳아 없어진다는 차원의 의미만이 아니라, 지식의 성격 자체가 다르다는 것이 그의 주장이다. 시간을 지배한다는 것은 종교적 성격이 강한 반면, 공간을 정복한다는 것은 군사적이고 제국주의적인 성격이 더 강하다. 이런 사회에서는 행정이나 법이 중요해진다.

예를 들어 이집트에서 처음 왕조가 등장했을 때에는

나일 강의 범람 시기를 예측하는 것이 중요했다. 왕조가 형성된 다음에는 왕조의 지속에 대해 고민했기 때문에 돌에 기록을 남기거나 미라를 만드는 행위가 이루어졌다. 이집트의 문명 자체는 시간 지향적이었다고 할 수 있다.

이니스에 따르면, 한 문명이 제대로 유지되기 위해서는 시간이나 공간에 대한 편중(bias) 없이 적절한 균형이 유지되어야 한다. 문명이 발달하게 되면 문명이 가지고 있는 매체적인 편중성이 심화될 수밖에 없고, 따라서 그것이 계속되면 결국 문명은 몰락하게 된다는 것이다. 특이한 것은 그 문명의 최고 전성기는 몰락하기 직전이라는 점이다. 자신들의 편향을 최대한으로 펼쳐보인 후 문명은 몰락하고 마는 것이다. 이니스는 이것을 '미네르바의 올빼미'에 비유하고 있다. '미네르바의 올빼미는 해가 질 녘에야 비로소 날기 시작한다'는 헤겔의 유명한 말을 인용한 것이다.

이집트의 경우, 시간적 편향성을 가지게 되면서 결국 공간적 문제를 제어하지 못하였던 것이다. 중앙집권화된 기존의 권력 매체를 무너뜨리는 흐름은 대개 변방에서 나타나게 된다. 피억압자들이나 주류에서 이탈한 자들은 자기 고유의 매체를 만들어내기 시작하는데, 이집트의 경우에는 그것이 바로 파피루스였다. 파피루스는 상업적이고 실용적인 용도를 가졌으며, 널리 공간적으로 확산 가능한 매체였다. 이 점에 있어서 이니스는 '하나의 미디어의 등장은 사회의 변혁이다'라고 말하고 있다.

또한 이니스는 그리스와 로마의 예를 들면서 구술 문화와 문자 문화의 대립에 대해서 이야기한다.[10] 구술 문화는 시간적 매체의 성격을 가졌다고 보았고, 문자 문화는 공간적 매체의 성격을 가졌다고 보았다. 구술 문화에서는 한번 말을 하면 그것이 사라지는 것이 아니라, 공동체의 기억 속에 계속 남아서 어떤 항상성을 가지게 된다. 반면 널리 확산되지는 못한다. 그러나 문자 문화의 경우는 예를 들어 파피루스의 경우와 같이 내구성을 가지지는 못하나 공간적으로 확산 가능한 성격을 보인다. 이니스에 의하면 이렇게 구술문화는 시간 편향적 미디어로, 그리고 문자 문화는 공간 편향적 미디어로 대치되었다.

그리스 사회의 경우 문자의 도입이 상대적으로 매우 늦었는데 이로 인해 형상적, 이미지적 사유가 발달할 수 있었고, 따라서 그리스 시대의 찬란한 시각 예술들도 바로 이와 같은 문자 문화의 도입이 늦어졌기 때문에 가능했다는 지적이 설득력을 가진다. 반면 문자가 존재한다는 것은 문자를 읽고 쓸 줄 아는 소수의 그룹들이 존재한다는 것을 의미한다. 이들이 커뮤니케이션의 중요한 수단을 장악하게 되기 때문에 지식의 독점이 일어나게 되고 거기에서 권력이 형성된다. 로마가 공화정에서 제정으로 변하는 것도 이와 관련이 있다. 공화정은 구술적 토론에 의한 문화이고 민주적인 문화 형태이다. 그러나 그것은 그리스의 폴리스 같은 소규모 체제에서는 가능했을지 모르나, 로마와 같은 대규모의 제국에서는 불가능한 일이었다. 로마 시대 초기에는 민주적 토론을 통해 정치를 할 수 있었지만 제국이 점점 확장되면서 공간을 정복하는 문제를 해결할 수 없었다. 그래서 제정으로 넘어가는 변화를 겪게 되는 것이다. 제정은 황제의 명령에 따라 모든 것이 결정되고, 문서를 통해 변방의 식민지에까지 전달되는 정치 체제이다.

이니스에 의하면, 실제로 어떠한 매체를 이용하느냐에 따라 그 문화의 상당 부분이 그리고 심지어 국가의 성격 자체가 바뀌게 된다는 것이다. 로마인들은 다행스럽게도 이집트인들로부터 파피루스를 받아들였다. 그러나 파피루스는 공간적인 확산은 가능하게 하였으나, 궁극적으로 후에는 공간적인 편향이 생기게 됨으로써 시간적인 지속성을 유지하기 어렵게 만들었다. 로마가 멸망하고 기독교 문명이 등장하게 되는 것도 이와 관련된 맥락에서 해석할 수 있다. 시간적인 영속성의 문제를 기독교 문명은 해결하고 있기 때문이다.

결국 이니스는 문자를 이용한 문어적 소통이 등장하는

시기에 이집트, 그리스, 로마와 같은 고대의 제국이 성립했다고 주장한다. 제국의 탄생은 단지 군사력의 문제가 아니라 진정한 의미에서 커뮤니케이션 기술의 문제라는 것이 그의 핵심적인 주장이다.

이와 유사한 과정이 그 후의 시대에서도 계속 관찰된다. 전령사보다 더 빠르게 메시지를 전달하는 전신, 전화 등의 텔레커뮤니케이션의 시대에 중심부의 권력은 지배권을 전 세계로 확장하게 된다. 권력은 점점 더 중앙으로 집중되고, 세계는 착취하는 중심부와 착취당하는 주변부로 구조화되는 것이다.

월터 옹(1912-2003)

매클루언에게 박사 학위 논문을 지도 받았던 월터 옹(Walter, J. Ong 1912-2003) 역시 구술 문화와 문자 문화에 대한 자세한 분석을 시도하고 있다.[11] 이니스와 매클루언이 선형적인 글쓰기를 거부함으로써 의도적으로 읽기가 난해한 글들을 남긴 점을 고려하면, 옹의 저술에 대한 책읽기는 상대적으로 수월한 편이다. 옹은 구술 문화와 문자 문화를 대립시켜 비교하는 가운데 미디어가 인간 의식을 구조화하는 데에 끼치는 영향에 대해서 주목한다. 인간의 문화는 역사적으로 구술 문화로부터 출발하여 문자 문화로 발전해 왔는데, 현대 사회에 이르러서는 새로운 전자 매체에 힘입어 또 다른 형태의 일종의 구술 문화로 나아가고 있다는 것이다. 물론 이 새로운 구술 문화는 제 1차 구술 문화 시기와는 달리 글쓰기를 토대로 하는 제 2차 구술 문화이다.

말하기에서 글쓰기로 변화해 가는 것은 단지 소통 수단의 교체에 불과한 것이 아니다. 이것은 "인간의 의식을 재구조화"하고, 인간의 감각을 재배합하고, 문학의 양상을 급격하게 변화시킨다. 옹은 구술 문화에 입각한 사고의 특징을 다음과 같이 아홉 가지로 요약하고 있다.

1. 구술 구조는 화용론적이기 때문에 분석적, 추론적 구조에 종속적이라기보다는 첨가적이라고 보인다.
2. 구술 문화는 정형구에 의지해서 기억을 하기 때문에 분석적이라기보다는 집합적인 성격을 보인다.
3. 구술은 발화되는 순간 사라져 버리기 때문에, 집중을 유도하기 위해 동어 반복을 빈번히 하게 되어 결과적으로 장황하거나 다변적인 성격을 보인다.
4. 되풀이 반복된 내용이 정신을 이루어 전통으로 자리매김하기 때문에 보수적인 성격을 보인다.
5. 세련되고 분석적인 범주가 없기 때문에 모든 말은 인간관계나 행동과 결부되어 개념화, 언어화됨으로써 인간의 생활 세계에 밀착된다.

6. 쓰기는 추상을 통해 논쟁하는 것과 지식을 분리하고 아는 주체와 알려진 객체를 분리하지만, 말하기는 인간 생활과 밀착됨으로써 지식의 문제가 인간들 사이의 투쟁적 요소로 나타나 논쟁적인 어조를 강하게 보이게 된다.
7. 구술 문화는 객관적 거리 유지의 성격보다는 감정이입적 혹은 참여적인 성격을 보인다.
8. '지금, 여기'에서 쓰이고 있는 실생활의 상황에 의해 단어가 통제되기 때문에, 사전에서처럼 의미의 층을 이룬다거나 과거의 의미라는 개념이 없으며, 모든 것이 현재화하고 현재와 직접 관련 없는 과거의 부분은 기억에서 사라지게 된다.
9. 구술문화는 궁극적으로 추상적이라기보다는 상황의존적인 성격을 보인다.

옹에 따르면 이제 새로운 구술성은 전화나 라디오, 텔레비전 등과 같은 미디어에 의해 지지되고 있는데, "이런 장치들은 어느 것이든 쓰기와 인쇄에 의존하지 않고는 존재할 수도 또 기능을 발휘할 수도 없다. 이미 오늘날 엄밀한 의미에서의 일차적인 구술 문화는 존재하지 않는다. 어떤 문화도 쓰기에 익숙해 있으며 그것이 가져다주는 효과를 조금이라도 경험하고 있기 때문이다." 따라서 옹이 말하는 새로운 구술 문화는 근본적으로 문자 문화의 영향 아래 형성된 것이라는 특징을 지닌다.

매클루언은 표음 문자의 발명과 1446년 구텐베르크에 의한 금속 활자의 발명, 그리고 1844년 마르코니에 의한 전신의 발명 이후의 전자 미디어의 등장을 커뮤니케이션 기술 발달에서 가장 중요한 세 가지 개혁으로 간주한다. 그는 커뮤니케이션 기술의 발달에 따라 인류 사회의 형태와 문화가 변형을 겪게 되었다고 보고 각 기술에 의해 형성되는 커뮤니케이션의 조건과 양상을 구체적으로 분석한다.[12)]

그에 따르면 구어로 활동하던 인간 사회는 청각적 공간을 형성하고 있었으나, 표음문자의 발명으로 인해 인간의 커뮤니케이션 공간이 청각적 공간에서 시각적 공간으로 바뀌게 되고, 인쇄술의 발명과 확대로 인해 이 시각적 공간이 강화, 증폭되었다가, 전자 미디어 시대에 이르러서는 다시 청각적 공간으로 반전된다는 것이다. 그래서 매클루언은 이러한 세 단계의 커뮤니케이션 형식의 변화는, 인간 집단을 부족화(部族化)하는 단계로, 그리고 이를 탈부족화(脫部族化)하는 단계로, 다시 재부족화(再部族化)하는 단계로 바뀌도록 만들었다고 주장한다.

실제로 문자 언어가 등장하기 이전의 사회에서는 귀가 지배적인 감각 기관이었고, 사람들은 부족의 세계 곧 열정과 신비와 공동 참여의 청각적 공간에서 살았다. 이들의 기본적인 커뮤니케이션 미디어는 언술(speech)이었다. 언술과 귀의 연합이 부족 사회로 하여금 구어 문화를 이룩할 수 있도록 만들었다. 그리고 구어 문화에서는 말을 모르는 사람이라는 개념이 존재하지 않으므로, 부족민들은 모두 비슷한 지식을 향유하는 인간 부류를 이루었다. 결과적으로 구어 문화에서는 개인주의나 전문화라는 것이 존재하지 않았다. 그 후 그리스 시대에 이르러 문자 언어가 생겨나면서 귀는 눈에 커뮤니케이션의 지배적 역할을 내주고, 감각의 균형은 중립적이고 객관적인 눈의 세계로 옮아갔다. 문자 언어는 읽고 쓰는 능력을 요구하기 때문에 오관중에서 눈을 가장 중요한 위치에 올려 놓았다. 즉 문자 독해 능력이 요구됨에 따라 인간은 귀 대신에 눈을 사용하게 되었다. 따라서 문자 언어는 눈의 기능의 연장이 되었다.

이처럼 시각적 인식을 중요시하는 미디어는 인간을 소리, 신체적 접촉, 즉각적 반응 등으로부터 멀어지게 만들었고 결과적으로 내성적이고 이성적이며 개인적인 존재로 변화시켰다. 문자 언어란 실제로 아무런 의미가 없는 글자들을 역시 아무런 의미가 없는 소리들에 결합시킨 조합에 불과하다. 즉 문자 언어는 소리와 시각의 분리를 가져온 하나의 상징일 뿐이다. 따라서 구어적 부족 문화의 다양성과 복합성은 언어라는 단순한 시각적 형태로 전환되었다.

사람들이 말을 통해서 다른 사람들과 대화하기보다는 글을 읽어 소통하기 시작하면서, 부족 사회가 와해되는 탈부족화의 현상이 나타난다. 즉 사람들은 서로 떨어져 나가면서 소외되기 시작하고, 그리고 정서적이고 감각적인 생활은 점차 사라지기 시작하였다. 글을 읽으면서 지식이 증가하고, 이와 비례해서 이성도 발전하게 되었으며, 이러한 결과로 문명이 형성되었다. 또한 글을 읽을 때에는 선조적인 글줄을 따라 내용을 이해하기 때문에, 말로 이루어지는 문화 공간의 동시적이고 통시적인 사유보다는 순차적이고 선형적인 사고에 점차 익숙해지게 되었다. 그 결과 인간은 논리적 사고를 하고 분류와 범주화를 선호하게 되었다. 이에 따라 지식도 보편적이기보다는 국지화와 전문화의 길로 나아가게 되고 사회 기능도 분업화되는 변화를 겪는다. 사회 계층들이 생겨나고 국가주의가 생겨난 것은 당연한 귀결이다.

인간이 언술에만 의존하던 구어 문화 시대에는 시각과 청각을 함께 사용함으로써 감각의 균형을 이루었다면, 이와 같은 문자 언어를 통한 커뮤니케이션의 시대에는 시각과 청각의 분리가 이루어지고, 청각보다는 시각이 중심적 커뮤니케이션 수단으로 등장하면서 그러한 감각 균형은 깨어지기 시작했다. 그렇지만 이 시기만 해도 구어적 전통이 강했기 때문에 커뮤니케이션에 있어서 어느 정도의 감각의 균형을 유지할 수 있었다. 그런데 구텐베르크가 인쇄술을 발명하면서 구어 문화는 급속히 몰락하고, 문자 문화가 폭발적으로 연장·팽창하게 되었다. 인간은 책을 통해서 처음으로 혼자서 읽고 생각하게 되고, 결국 개인주의가 싹트게 된다. 이것은 정치적으로는 각자의 '관점'을 만들게 하였고 궁극적으로 이데올로기의 탄생까지도 가능하게 하였다.

인쇄는 분석적이고 순차적이며 단계적인 공정을 통해 무한정한 반복으로 실현되는데, 이것이 결국 기계화의 원리로서 모든 기계화 혁명의 청사진의 역할을 한 셈이다. 이것은 경제적으로는 조립 라인과 산업 사회의 탄생을 가능하게 했다. 따라서 매클루언이 거리를 두고자 하는 소위 자본주의, 세속주의, 산업주의, 민족주의, 전문화주의 그리고 사회주의는 결국 모두 '구텐베르크 은하계'의 소산이라고 할 수 있다. 즉 인쇄술의 등장과 그 결과로서 파생된 '읽기 문화'는 사람들로 하여금 서구적 삶의 방식을 합리적이고 이성적인 성격의 것으로 받아들이는 것이 지극히 자연스럽고 당연한 것으로 믿게끔 만들었다. 이에 대하여 매클루언은 그것이 문자로 대표되는 시각 의존형 미디어가 인간에게 강요하는 '시각적 공간' 속에서 인위적으로 만들어진 결과물이라고 지적하고 있다.

매클루언은 "무의미한 추상체로서의 문자의 발명과 함께 시각은 다른 감각들로부터 분리되었고, 이는 시각적인 공간이 형성되기 시작했음을 의미한다"고 주장하고 있다. <구텐베르크의 은하계>의 역사는 이렇게 설명된다. 하지만 한국어 번역본으로도 600쪽이 넘는 방대한 양의 이 저서는 총 107개에 이르는 소제목과 설명 방식의 단편적 모음 형식으로 구성되어 있어 그 전체적 논지를 이해하는 것은 쉽지 않다. 이 책이 이와 같이 다양한 사례 방식을 모자이크식으로 모아 놓은 형태를 취하고 있는 것은, 문자가 가지는 근본적인 선형성에서 발생하는 단절을 차단하고, 복합 감각적인 인식의 방법을 추구하고자 하는 매클루언식의 사고에서 기인하고 있는 것이다.

2. 미디어는 메세지이다

매클루언은 '미디어'를 어떻게 정의하고 있는가? 매클루언의 미디어 개념은, 우리가 일상적으로 사용하는 이 용어의 의미보다 훨씬 넓은 외연을 가진다. 그는 가령 도끼와 같은 연장이나 전등과 같은 전열기구 그리고 철도와 같은 교통수단까지도 모두 '미디어'의 범위 속에 포함시키고 있다. 그런 의미에서 이것은 차라리 '도구'나 '수단'과 같은 단어의 동의어라고 할 수도 있을 것이다. 도구를 그가 굳이 '미디어'라 부르는 것은 그것이 인간 신체와 자연 환경을 매개하는 '중간자'(medium)의 성격을 갖기 때문인 것으로 해석된다.

미디어란 인간의 신체와 자연 환경이 만나는 지점에 끼어 들어 인간 신체의 자연적 한계를 넘어서게 해주는 일종의 매개체이다. 매클루언에게 있어서 미디어는 결국 '인간의 연장'인 셈이다. 그에 의하면 바퀴는 발의 확장이고, 책은 눈의 확장이며, 수(數)는 촉각의 확장이고, 옷은 피부의 확장이다. 또한 총은 이(齒)와 눈(目)의 확장이며, 전기기술은 중추 신경의 확장이라고 주장한다.[13)]

이것은 이미 19세기에 처음으로 '기술철학'이란 용어를 사용한 독일의 기술철학자 에른스트 캅(Ernst Kapp 1808-1896)이 모든 기술은 인간 몸의 연장(延長)이라고 주장했던 것과 같은 맥락으로 해석된다. 갈고리, 그릇, 칼, 창, 노, 삽, 괭이와 같은 기술은 인간의 손, 이빨, 팔 등이 연장된 것이며, 철도는 인간 순환계의 연장이고 전신과 같은 통신 기술은 인간의 신경계의 연장이라는 것이다.

에른스트 캅 (1808-1896)

매클루언 역시 미디어는 인간의 연장이라고 주장한다. 그래서 『미디어의 이해』 2부에서는 구어, 문어, 도로와 종이, 수, 옷, 집, 돈, 시계, 인쇄, 만화, 인쇄된 글, 바퀴와 자전거와 비행기, 사진, 신문, 자동차, 광고, 게임, 전신, 타이프라이터, 전화, 사진 ,영화, 라디오, TV, 무기, 자동화 등을 미디어의 범주에서 언급하고 있다.

매클루언에 있어서는 '미디어는 메시지'자체이다. 즉 매클루언이 중점을 두어 강조하는 것은 '메시지'가 아니라 그것을 담는 형식적인 틀, '미디어' 자체인 것이다. 유명한 명제 '미디어는 메시지이다'로 압축되는 그의 근본적인 주장은 특정 물질을 어떤 그릇에 담던지 간에 그 물질은 변함이 없는 것이고, 그러므로 미디어는 형식적 도구일 뿐 중요한 것은 그 안에 담긴 메시지라는 식의 일반적인 통념을 전면적으로 뒤집는 데에 있다. 그는 이와 같은 역설적인 방식을 통해 글의 전반에 걸쳐 호기심을 유발하는 전략을 취하는 것이다. 즉 커뮤니케이션의 내용보다는 메시지의 교환을 위해 이용되는 미디어 그리고 기술의 발전이 낳은 도구의 속성에 의해서 사회가 더 많은 영향을 받아왔다는 것이다.

미디어 이론가로서의 매클루언의 사상의 중심을 이루고 있는 것은 인간의 감각 시스템에 관한 이론이다. 매클루언에 의하면 인간이 가지고 있는 시각·청각 그리고 후각과 같은 오감의 감각 전체는, 상호 의존 관계를 가짐으로써 하나의 체계를 구성하고 있으며 각 감각은 균형 상태를 유지하고 있다. 이 균형 상태에서 시각은 청각과 상대적인 밸런스를 이루고 있다. 매클루언은 이를 '감각 비율(sense ratio)' 이라고 부른다. 인간 감각의 한쪽이 확대되거나 손상을 입으면 새로운 감각 배분의 원칙이 발생하여 균형이 깨어지게 되는 것처럼, 인간 감각의 외부 확장으로서의 미디어의 등장도 인간의 감각 비율의 균형을 깨뜨렸다는 것이다. 매클루언은 미디어가 단순히 커뮤니케이션의 도구가 아니라 우리 감각을 외부로 끌어낸 인간 능력의 확장이라는 것을 강조한다. 매개 형식 즉 매체가 다르면 전달 내용도 달라질 수밖에 없다. 매클루언은 이를 매체에 따라 "우리 감각의 비율이 바뀌는 것"이라고 표현한다.

매클루언의 책 『미디어의 이해』에서는 특정 종류의 매체는 특정한 감각 비율을 만든다는 표현이 무수히 발견된다. 가령 "발명이나 기술은 우리의 신체를 확장하거나 자기 단절한 결과인데, 이같은 확장은 신체의 다른 기관이나 확장물들 사이의 새로운 결합 비율이나 균형 상태를 필요로 한다. 예를 들어 우리는 텔레비전 영상이 불러일으키는 새로운 감각 비율을 따르지 않을 수 없다"는 주장이 그 한 예이다. 여기서 감각 비율의 변화는 곧 미디어의 변화에 따른 인간의 사고 구조 혹은 반응 구조의 변화를 의미한다고 할 수 있다. 매클루언은 이같은 사실을 지적하고 있지만 어떤 특정한 미디어가 어떤 감각 비율의 변화를 가져오는지에 대해서는 구체적으로 분석하고 있지 않다. 텔레비전을 통해서 정보를 받아들이는 것과 라디오를 통해서 정보를 받아들이는 것이 다른 이유는 각 미디어에 반응하는 우리 감각의 비율이 다르기 때문일 것이다.

매클루언은 여기서 한 걸음 나아가 매체에 따라서 우리 감각들 사이의 비율이 바뀐다는 것은 곧 사람들 간의 상호 의존의 패턴들도 바뀌고 있는 것이라고 주장하고 있다. 텔레비전이라는 미디어에 적응된 사람들과 인쇄 매체에만 의존하는 사람들의 의사소통 방법이 다를 것이고, 상호 의존 패턴들도 다를 것이다. 말하자면 모든 매체에는 그것에 상응하는 고유한 의사소통의 체계와 상호 의존의 패턴이 존재한다는 것이다.

3. 미디어의 이해

3.1. 핫 미디어와 쿨 미디어

매클루언은 미디어를 '핫 미디어'와 '쿨 미디어'로 구별하고 있다. 이 두 매체를 구별하는 기준은 정세도와 참여도이다. 정세도란 원래 사진 용어로서 사진에 나타난 영상의 선명도를 의미하며, 여기서는 메시지의 충실(充實) 밀도를 의미한다. 참여도란 수용자가 메시지의 의미를 재구성하는 데에 필요한 상상력 투입(投入)의 정도를 의미한다.

핫 미디어는 정세도(가령 해상도)가 높아서 이미지를 형성하는 데에 수용자의 참여를 요하지 않는 매체를 가리키고, 쿨 미디어는 정세도가 낮아서 이미지를 완성하는 데에 수용자의 적극적 참여를 요하는 매체이다. 예컨대 감이 떨어지는 전화는 쿨 미디어, 음질이 좋은 라디오는 핫 미디어, 해상도가 떨어지는 텔레비전은 쿨 미디어, 높은 화질을 자랑하는 영화는 핫 미디어가 된다.

> 음성언어든 필사본이든 텔레비전이든 간에, 쿨 미

> 디어는 핫 미디어에 비해서 그것을 듣는 사람이나 사용하는 사람이 스스로 해야 할 여지를 더 많이 남긴다. 만약 그 미디어가 높은 선명도를 가지고 있으면 참여도는 그만큼 낮아지게 된다. 반면 그 미디어의 강도가 낮으면 참여도는 높아지게 된다.

매클루언은 쿨 미디어인 텔레비전의 시청자보다 핫 미디어인 책을 읽는 사람이 더 수동적이라고 말하고 있는데 이는 실제로 전통적인 일반 관념들과는 상반되는 이론이다. 그에 따르면 책은 논리적으로 씌어지기 때문에 읽는 것만으로도 모든 것을 흡수할 수 있는 반면, 움직이고 명멸하는 텔레비전의 화면은 가만히 있는 상태에서는 이해할 수 없다는 것이다. 이처럼 텔레비전은 시청자가 적극적으로 참여해야 하는 미디어로서, 피동적인 태도에 머무는 것을 허용치 않는다는 것이다. 이런 점에서 매클루언은 텔레비전을 현대의 전자 미디어 시대를 대표하는 쿨 미디어로 생각하고 있으며 현대를 좌우하는 막대한 영향력을 지닌 미디어라고 주장한다.

매클루언의 핫 미디어와 쿨 미디어의 구분은 인간의 커뮤니케이션의 인식 과정에 대한 이해와 함께, 구어적 커뮤니케이션을 위한 가장 이상적인 미디어를 파악하기 위한 시도로 보인다. 텔레비전으로 대표되는 쿨 미디어가 지금까지 활자 문자로 대표되어 왔던 핫 미디어에 반하여 어떠한 변화를 가져가 줄 것인가에 대한 근본적인 이해를 도모하는 것이다.

하지만 그가 이 두 개념을 상대적인 것으로 이해하고 있는지 아니면 절대적인 것으로 파악하고 있는지는 분명하지 않다. 전화와 라디오를 비교하고 영화와 텔레비전을 비교할 때, 그는 이 개념을 상대적인 관점에서 사용하고 있다. 그러나 핫 미디어인 활자 매체 특히 신문과 쿨 미디어인 텔레비전을 비교할 때에는, 그리고 활자 매체에서 영상 매체로의 패러다임의 변화를 얘기할 때에는, 핫과 쿨이라는 개념을 마치 절대적인 개념인 것처럼 사용하고 있는 것이 관찰된다.

3.2. 텔레비전의 촉각성

매클루언에 의하면 텔레비전은 쿨미디어에 속한다. "텔레비전 영상은 1초 동안 3백만 개의 점을 시청자에게 보낸다. 시청자는 그중 단지 수십 개만 받아들인다. 그것으로 영상을 구성하는 것이다." 텔레비전은 정세도가 낮기 때문에 영상을 완성하는 데에 수용자의 적극적 참여가 필요하다는 것이다. 반면 전통적 영화 매체의 수용자는 "시각적

인상을 구성하기 위하여 텔레비전을 볼 때처럼 데이터의 항목을 대폭 삭감하지 않아도 된다. 영화를 보는 사람들은 전체 화상을 이미 완성된 것으로 받아들이는 경향이 있다." 영화는 이미 완성된 이미지로 제시되기 때문에 굳이 수용자의 참여를 요구하지 않는다는 것이다.

매클루언은 대중으로 하여금 새로운 것을 만들어 나가게 하는 힘이 텔레비전에서 발견된다고 주장한다. 텔레비전이라는 매체가 현대의 문화와 정치 그리고 인간의 지각 구조에 끼치는 영향을 추적하는 부분에서 매클루언은 발터 벤야민의 분석의 틀을 따르고 있다.

벤야민이 연극이라는 전통 매체와의 대비 속에서 영화 매체의 특성을 논하고 있다면, 매클루언은 어느새 전통적 매체가 되어버린 영화와의 대비 속에서 텔레비전 매체의 특성을 논한다. 그리고 벤야민이 영화 매체에 부여했던 긍정적 속성들을 그는 모두 텔레비전 매체에 투사하고 있다. 벤야민이 영화 매체에서 기대했던 것을 매클루언은 텔레비전에서 기대하는 것이다. 그는 텔레비전이 시청자들을 민주주의적 정치 과정에 적극 참여하게 하는 기능을 발휘한다고 보았다.

매클루언은 텔레비전의 영상을 모자이크에 비유한다. "텔레비전 모자이크를 볼 때, 사람들은 무의식중에 거기

발견되는 점을 쇠라(Seurat)나 루오(Rouault)식 추상 예술로 재구성한다." 매체가 가져온 이런 지각의 변화는 사회구조의 변동으로 이어진다. "모자이크의 그물눈인 텔레비전이 예술에서 원근법을 강화하지 않는 것처럼 생활에서는 선형적인 것을 강화하지 않는다." 그리하여 조립 라인이 사라지고 인사 계열이 사라졌다는 것이다.

벤야민은 영화의 몽타주적 속성을 들어 그것이 예술과 사회에 끼치는 영향을 분석한 바 있다. 매클루언의 '모자이크'개념은 벤야민이 말하는 '몽타주(montage)'의 방송매체적 버전이라 할 수 있다. 매클루언은 벤야민과 같은 방식으로 텔레비전이라는 매체가 인간의 지각의 구조에 끼치는 영향을 추적한다. 그리고 벤야민과 마찬가지로, 텔레비전이라는 새로운 매체가 인간의 지각 구조에 변동을 가져와 시각 위주의 지각을 촉각적 지각으로 바꾸어 놓는다고 설명한다.

> 통일된 감각과 상상력을 갖춘 생활은 오랫동안 서구의 시인, 화가, 예술가들에게 이루지 못할 꿈처럼 보였다. 그들은 18세기 이후 서구 문자 문화인의 단편화되고 상상력이 결핍된 생활을 슬픔과 당혹감을 가지고 바라보았다. 블레이크, 페이터, 예이츠, 로렌스와 그 밖의 많은 위대한 작가들이 그런 느낌들을 전했다. 그들은 자신들의 꿈을 라디오와 텔레비전의 미

> 적 감각을 통해 일상생활에서 실현시킬 수 있다고는 생각하지 못하고 있었다. 그러나 이러한 중추 신경 조직의 폭넓은 확장이 지금은 서구인을 매일 미적 공감각 작용 속에서 살게 하고 있는 것이다. 시각을 감각의 위계 중 제일 높은 것으로 위치시키면서 감각을 엄격히 분리하고 전문화하는 수세기 동안의 서구인의 생활 방식은, 추상적인 개인의 위대한 시각적 구조 주위로 밀려오는 라디오와 텔레비전의 물결을 견뎌내지 못할 것이다.

매클루언이 주장하는 촉각성이란 적정한 비율로 구성되어 있는 감각들이 적절한 상호 작용을 할 때의 감각성을 의미한다. 그는 이와 같이 '재편된 은하계'가 어떤 것인지를 제시하기 위해 "감각비율이 변할 때 인간도 변한다"고 이야기한 블레이크(W. Blake)의 주장을 이용한다.

매클루언은 "촉각이란 사물들과의 단순한 피부 접촉이 아니라 정신 속에서의 사물들의 생명 그 자체"라고 말하면서, 각각의 감각을 각각의 다른 감각으로 전환시켜 인간에게 의식을 부여해 주는 힘을 합의 즉 '공통감각'이라고 칭한다. 그가 보편적 감각으로서 촉각을 강조한 이유는 바로 이러한 이유에서이며 텔레비전을 촉각적 매체라고 주장한 것도 동일한 맥락에서이다.

3.3. 지구촌 속의 내파와 외파

『미디어의 이해』의 첫 장에서 매클루언은 "분산적이고 기계적인 기술을 통해, 3천년 동안의 외파 이후 서구 세계는 지금 내파를 하고 있다"라는 미묘한 문장을 남기고 있다.

외파(explosion)와 내파(implosion)의 의미를 암시적으로 표현하는 다음 구절을 보자. 그는 "서구 세계에서 자유는 언제나 국가로부터 개인의 분리를 촉진하는 외파적이고 분할적인 형태를 취해 왔다. 중심에서 주변으로의 바깥을 향하는 일방적인 움직임이 뒤집어진 것은 분명히 전기(electricity) 때문이다. 이는 서구 세계의 거대한 외파가 무엇보다도 표음 알파벳(alphabet) 때문이었던 것만큼이나 명백한 사실이다"라고 주장하고 있다.

이 구절에서 시각적 이미지로 비유된 외파는 중심에서 주변으로 혹은 바깥으로 향하는 움직임을 의미한다. 이는 폭발의 진원지가 있고 그 폭발이 점차 동심원처럼 주변으로 확산되는 양상으로 표현될 수 있음을 의미한다. 이를 의사 소통 체계의 구조로 보자면, 이것은 어떤 정보의 진원지가 있고 그것이 일방적으로 주변으로 전달되는 권력 중심적 형태에 조응한 구조라고 할 수 있다. 이러한 외파적 운동은 이미 정해진 정보가 하달되는 형태이므로, 정보의 수신자는 그것에 능동적으로 개입하거나 참여할 여지가 별로 없다. 매체의 유형적 측면에서 볼 때 이러한 외파적 운동에 적합한 매체는 뜨거운 매체일 것이다.

반면 내파란 어떤 특정한 폭발의 진원지가 없다. 말하자면 중심이 존재하지 않는다. 이는 어느 곳이나 중심이 될 수 있다는 뜻이기도 하다. 특정한 중심이 없기 때문에 서로 동등한 힘과 그것들의 대화만 있을 뿐이다.

매클루언이 암시하는 외파와 내파의 구분이 더욱 명확하게 드러나는 것은 기계적인 매체에 바탕을 둔 문자 문화와 전기 매체에 바탕을 둔 전기 문화의 구분에 있어서이다.

매클루언에게 있어서는 표음 문자에 바탕을 둔 문자 문화 혹은 매체의 경우는 "문자 문화란 알파벳에 의해 시간과 공간으로 확장된 시각 중심의 문화가 획일적으로 진행되는 과정"을 뜻하는 것으로 분석된다.

반면 문자 문화나 기계 매체와 달리 전기 매체는 내파적인 것이다. 텔레비전 코드만 꼽고 스위치만 켜면 언제든지 사람들은 동시에 뉴스를 시청할 수 있다. 송신국에서 안방의 수신기까지 전달되는 시간이 존재하지 않는 것은 아니지만 그 속도는 거의 무시할 만큼 빠르다고 할 수 있다. 과거에 비해서 그 속도가 엄청나게 빨라진 것이다. 그러나 여기서 단지 속도가 빨라진 것 정도의 차이가 아니다. 매클루언은 정보 이동의 속도의 증가는 근본적으로 사회 구조의 변화를 초래한다고 생각하기 때문이다.

4. 매클루언 비판과 비디오드롬(videodrome)

매클루언의 미디어에 대한 몇몇 이론은 다른 이론가들에 의한 비판의 대상이 되곤 하였다. 그 가장 중요한 이유는 『미디어의 이해』나 『미디어는 맛사지다』과 같은 저서가 발표된 시점에 있어, TV라는 매체는 쿨 미디어의 특성을 완전히 대변하기에는 아직까지 검증되지 않은 부족한 부분들이 많았기 때문으로 보인다.

매클루언은 TV가 보이는 공감각적인 특성 그리고 수용자들의 참여적 속성 등에 대하여 역설하였지만, 많은 사람들에게 있어 TV는 아직 시각적 측면에 치중된 하나의 미디어일 뿐이고, 시청자를 수동적으로 만드는 부정적인 의미의 도구로 받아들여졌기 때문이라 할 수 있다. 사람들에게 그의 주장은 자극적으로는 보였을망정 지극히 주관적인 견해로 받아들여졌다. 더군다나 매클루언이 강조한 TV의 열악한 특성 즉 굵은 주사선과 밀도 낮은 영상의 특징이, 시청자를 정보의 틈새를 메우는 능동적 작업으로 이끄는 것이 아니라 오히려 그들의 주의 집중을 방해하는 요소로 작용한다는 것이 더 일반적인 견해라 할 수 있다.

에코(Umberto Eco)는 매클루언이 '미디어는 메시지이다'라는 결론에 이르게 된 이유를 그가 미디어 개념을 부정확하게 사용했기 때문이라고 주장한다. 에코에 따르면 커뮤니케이션이란 송신기를 갖고 채널을 통해 신호를 보내는 송신자가 존재하고, 그 신호가 채널의 끝에서 수신기에 의해 수신자에게 메시지로 전달되는 그러한 체계를 전제한다. 이때 전달되는 메시지는 아직 비어있는 형식으로서 수신자가 약호를 적용해야만 비로소 메시지로 변환될 수 있으며, 나아가 어떤 약호를 적용하느냐에 따라 그것은 다양한 의미로 채워질 수 있다는 것이다. 그런데 매클루언은 채널이나 약호, 메시지 등의 개념을 혼동해서 사용한 결과, 분명 명시적으로 구분되어야 개념을 구분없이 사용함으로써 수신자의 해석 과정을 간과하고 있다는 것이다. 즉 에코는 "미디어라는 '텅 빈 형식'에 의해 메시지는 결코 규정될 수 없으므로 '미디어는 메시지이다'는 '미디어는 결코 메시지가 아니다'와 같은 표현으로 뒤집어져야 한다"는 주장과 함께 매클루언의 명제에 대해 정면으로 대립하고 있다.14)

그러나 이러한 반론들에도 불구하고 매클루언의 논의가 현재의 시점에서 그 가치를 발하는 이유는, 그가 주장한 TV의 속성이 오늘날 컴퓨터를 기반으로 한 양방향 미디어에서 마치 그의 예언력을 증명이라도 하듯 그대로 나타나고 있기 때문이다. 예를 들어 하이퍼텍스트의 수많은 링크들이 사용자의 능동적 선택을 부추기고, 체감형 인터페이스가 오감을 자극하는 형태를 지향하고 있는 사실들은 그의 예언과도 같은 주장에 신빙성을 더해준다. TV가 현대의 사회를 하나의 지구촌으로 묶어 마치 원시 부족적 사회와 같은 모습으로 회귀시킬 것이라는 전망은, 현재 실시간으로 전 세계 사람들의 의견 교환의 장이 되고 있는 인터넷이라는 미디어가 이를 확인해 준다. 매클루언의 주장은 TV로 완결되고 있는 것이 아니라 디지털의 시대에 있어 지속적으로 구체화되고 있다는 사실을 염두에 둘 필요가 있다.

매클루언의 이와 같은 미디어 이론은 데이비드 크로넨버그(David Cronenberg)에 의해 공포 영화의 한 장르로 거듭난다. 크로넨버그는 1943년 캐나다에서 태어난 영화감독으로서 '플라이'(1986)와 '크래쉬'(1996)등으로 잘 알려져 있다. 크로넨버그는 매클루언이 강의를 하던 토론토 대학에서 영문학을 수학한 후, 30여편에 이르는 영화를 통해 인간을 생물체나 기계와 섞는 '신체의 잡종 교배'의 테마를 다루어 왔다.

특히 비디오 매체가 인간의 일상사에 미치는 영향을 다룬 '비디오드롬(videodrome)'(1983)은 <비디오>와 <신드

롬>의 합성어를 암시하는데, 여기서 그는 매클루언의 이론을 변용하여 미디어가 끼칠 수 있는 해악과 병폐를 초현실주의적 SF영화 형식으로 보여주고 있다. 이 영화는 소규모 케이블 TV사의 사장인 맥스가 어느날 음모에 휘말리게 되어 그 후 환각에 빠져 헤매게 된다는 간단한 줄거리의 이야기이다. 하지만 그 속에는 이미지로 보여주는 '숨을 쉬는' TV, 가상현실 속에서 펼쳐지는 살인과 고문, 그리고 현실과 환각이 뒤섞이는 기묘한 체험과 인간의 망막이 되어버린 브라운관들이 암울하게 함께 펼쳐진다. 너무나 강한 자극을 바라는 비디오 문화는 포르노 정도로도 만족하지 못하고, 스너프 필름까지 욕망하게 된다. 그런데 특별하게 만들어진 그런 필름이 바로 '비디오드롬'이었던 것이다. 이 비디오를 보면 어떤 환각 현상이 발생하게 되는데 즉 보는 것은 믿는 것이 아니라 환각하는 것이 된다. 급기야 '비디오드롬'의 영상 신호는 맥스에게 뇌종양을 통한 환각을 일으키고 맥스의 몸을 비디오데크처럼 사용하게 된다. 맥스의 배에 투입된 비디오는 프로그램된 음모대로 그를 조종하지만 다시 오블리비언 박사의 딸 비앙카에 의해 교정된다. 그러나 그의 육체는 새로운 임무를 받은 비디오 언어일 뿐 이제 여기서 구원은 없다. 역으로 말해서 비디오에 중독된 인간에게의 유일한 구원이란 죽음뿐이라는 암담한 메시지가 전달되는 것이다. 결국 맥스는 부활을 다짐하는 자살로써 자신의 악몽에 종지부를 찍게 된다.

하지만 이 영화 역시 매클루언의 글쓰기에서처럼 일관된 줄거리에 대한 논의는 사실상 큰 의미가 없다. 크로넨버그는 마치 모자이크 방식처럼 중간 중간에 꿈과 현실을 섞어 놓음으로써 보는 사람들에게 편안하게 앉아서 관람하기를 허용하지 않는다.

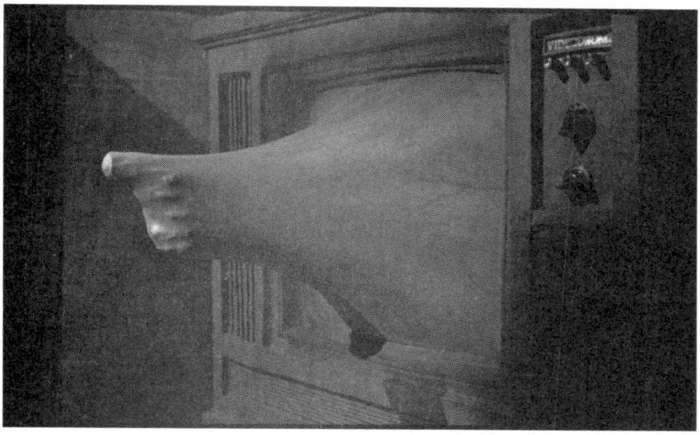

데이비드 크로넨버그 <비디오드롬> 1983 (2-1)

어떤 영화 비평가는 '비디오드롬'에 대하여 이 영화가 시대적으로 20년은 앞선 영화라는 평가를 내리기도 한다. 무엇보다도 그 주된 이유는 우선 이 영화의 특수 효과를 보면 이미 당시에 유행하던 아날로그 특수 촬영 기술의 한계를 훌쩍 뛰어 넘어, 21세기에 보편화될 디지털 특수 효과에 가까운 완성도를 보여주고 있다는 점이다.

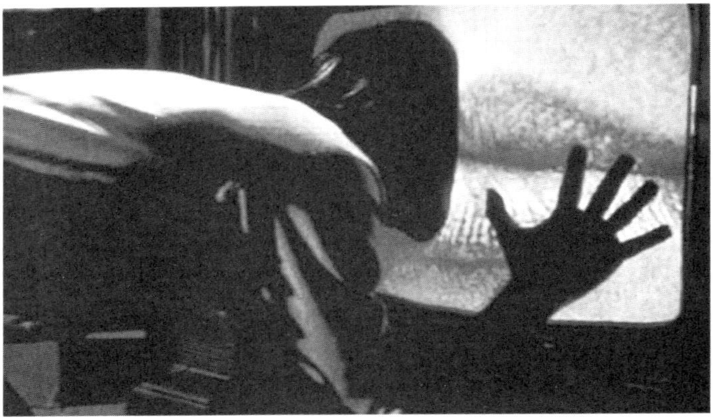

데이비드 크로넨버그 <비디오드롬> 1983 (2-2)

둘째로 이 영화는 21세기 미디어 사회의 풍속도를 정확하게 예언하고 있다는 점에서도 선구자적으로 평가된다. 영화 속 캐릭터인 브라이언 오블리비온 박사의 말을 통해서 암시되는 내용을 보면, 현대 사회에서 인간과 테크놀로지는 점점 물리적 경계를 넘어서 '융합'되어 가고 있다는 것, 전자 미디어를 통해 비춰지는 인간의 삶이 살 냄새나는 실제의 삶보다 더욱 현실적이라는 것, 사람들은 자신들의 실제 이름 대신 ID를 사용하는 사회라는 것 등이 강조되고 있다. 그리고 셋째로 이 영화는 21세기에 들어서서는 일반명사화되는 '가상현실(Virtual Reality)'의 개념을 최초로 도입한 영화이기도 하다는 점이다.

미디어학자 매클루언의 영향을 강하게 받은 크로넨버그는 실제로 영화 속의 오블리비언 박사를 매클루언처럼 그리고 있다, 이것은 우디 알렌이 '애니 홀'(1977)에서 직접 매클루언을 등장시켜 자신의 이야기를 하도록 하는 장면을 연상하게 한다.

우디 알렌 <애니홀> 1973

제 4장

장 보드리야르

시뮬라크르의 세계와 초미학

Jean Baudrillard

장 보드리야르(1929~)의 생애와 저서

장 보드리야르는 프랑스의 대표적인 지성이며 현대성에 대한 가장 뛰어난 해석자 중의 한 사람이다. 그는 파리 10대학의 사회학과 교수를 역임했으며, 미국의 뉴욕 대학, 캘리포니아 대학등에서 강의를 했다.

그의 박사 학위 논문 『사물의 체계』(1968)에서부터 최근의 『불가능한 교환』(1999)에 이르기까지, 그는 약 30년 간에 걸쳐 20여권의 저작을 출판하는 활발한 저술 활동을 하고 있다.

주요 저서로는 『소비의 사회』(1970), 『기호의 정치경제학 비판을 위하여』(1972), 『생산의 거울』(1973), 『상징적 교환과 죽음』(1976), 『푸코 잊기』(1977), 『보부르 효과』(1977), 『침묵하는 다수의 그늘 아래서』(1978), 『유혹에 대하여』(1979), 『시뮬라크르와 시뮬라시옹』(1981), 『숙명적 전략』(1983), 『숭고한 좌파』(1984), 『아메리카』(1986), 『차가운 기억들 I, II, III』(1987-95), 『악의 투명성』(1990), 『걸프전은 일어나지 않았다』(1991), 『종말의 환상』(1992), 『완전 범죄』(1994), 『토탈 스크린』(1997) 등이 있다.

이러한 그의 저작들은 1970년대 이후 포스트 모던 문화

이론과 미디어, 예술 그리고 사회에 관한 논의에 많은 영향을 끼쳤다. 장 보드리야르는 그의 독창적인 이론인 '시뮬라시옹(Simuation)'을 통해 포스트모던 사회의 본질을 꿰뚫고 있다. 실재가 실재 아닌 초과실재로 전환되는 작업이 시뮬라시옹(Simulation)이고, 모든 실재의 인위적인 대체물을 '시뮬라크르(Simulacre)'라고 부른다.

그에 의하면 우리가 살아가고 있는 이곳은 다른 아닌 가상실재, 즉 시뮬라크르의 미혹속인 것이다. 현대인의 일상을 소비로 해부한 그는 현대인이 물건의 기능을 따지는 것이 아니라 상품을 통해 얻을 수 있는 위세와 권위, 즉 기호를 소비한다고 주장했다. 또 현대 사회는 모사된 이미지가 현실을 대체하는 복제의 시대라는 그의 이론은 철학 뿐 아니라 미디어와 예술 분야에 큰 영향을 미쳤다.

1. 소비 사회의 기호학

1960년대 후반에서 1970년대 전반 프랑스 사회에서는 생산, 노동 가치의 개념보다는 소비의 문제가 중요한 사회 현상으로 대두되었고, 서구학계 전반으로는 후기 구조주의와 기호학이 지배적인 학문 분위기를 형성하고 있었다. 최초로 일상생활의 영역을 본격적으로 학문의 영역에서 다룬 앙리 르페브르(Henri Lefèvre)의 영향과 함께 정치적으로 좌파의 영향을 받은 장 보드리야르(Jean Baudrillard 1929~)는 프랑스와 세계의 여러 곳에서 발생하는 혁명적 경향들을 지지하는 지성인의 한 사람으로 등장한다.

초기에 출간된 『사물의 체계』에서 그는 현대 사회는 후기 구조주의적 개념으로만 설명될 수 있는 어떤 새로운 현상들에 의해 주도되고 있으며, 현대 사회를 지배하는 이데올로기는 바로 소비의 이데올로기라고 주장한다. 그리고 이 소비의 이데올로기는 사물의 기호학으로 심화된다고 판단한다.

그의 초기 저작들, 즉 『사물의 체계』(1968), 『기호의 정치경제학 비판을 위하여』(1972), 『생산의 거울』

(1973) 등은 1970년대 말까지 이어지면서 하나의 전체성을 이룬다. 이들 저서에 투영되는 그의 관점을 보면 당시대의 사상들 즉 정신분석학, 마르크스주의, 기호학 등이 그의 사유의 지평을 이루고 있음을 볼 수 있다. 하지만 『상징적 교환과 죽음』(1976)과 그 이후에 발표되는 『유혹에 대하여』(1979), 『시뮬라크르와 시뮬라시옹』(1981) 등의 저작에서는 그의 사상의 핵심을 이루는 실재, 초과실재, 시뮬라크르 등의 개념이 성찰의 초점이 되고 있다.

『소비의 사회』(1970)는 그의 초기 대표작으로 이 책은 60년대의 프랑스의 일상생활을 묘사하는 경험적 내용으로 구성되어 있다. 여기서 그는 일상의 자질구레한 쓰레기 더미를 파헤친다. 광고, 매스미디어, 에로티시즘, 레저 등에 대한 논제들이 등장하는데 이것은 모두 풍요와 자유와 행복을 약속한다. 바로 이 약속이 소비 사회의 신화라는 것이며 그 신화 속에서 현대의 삶은 자신의 영혼을 악마에게 팔아넘기며 소외된다는 것이 그의 주장이다.[15]

보드리야르에 의하면 생산물의 사용가치는 소비의 전제 조건에 불과하다. 여기에는 사물의 기능을 기호로 보는 기호학적 사유가 깔려 있는데, 이 관점은 궁극적으로 마르크스의 사용가치 개념과 정치·경제학적 체계를 전면 부정하는 결과를 낳는다. 그는 현대의 소비문화를 광고와 텔레비전 등 미디어를 통해 확산되는 기호가치의 개념을 빌어 설명한다. 일반 소비자가 구매하는 것은 더 이상 물건의 사용가치가 아니라 '기호가치'라는 것이다. 우리가 소비하는 것은 물건이 아니라 상품으로 기능하는 사회적 이미지, 즉 기호라는 것이 그의 기본 관점이다.

『소비의 사회』에서 그는 현대적 사물에 대해 다음과 같이 설명하고 있다. "현대적 사물의 '진리'는 무엇에 쓰인다는 데에 있는 것이 아니라 어떤 의미 작용을 한다는 데에 있다. 이것은 도구로서가 아니라 기호로서 조작되는 것이다." 소비 사회에서 중요한 가치는 사물의 사용가치나 교환가치보다는 기호학적 가치, 특히 광고 언어가 사물에 부가하는 기호학적 가치이다. 그러므로 생산이 소비의 논리에 지배되는 상황에서 대중 매체는 광고 언어를 통해 기호학적 가치의 창출에 나서게 된다. 이제 사람들이 원하는 것은 광고 상품이 아니라 기호학적 가치 자체인 것이다. 사람들은 일상생활에서 기호와 함께 있고, 기호의 울타리를 벗어나지 못한다. 즉 사물이 소비되는 것이 아니라 기호가 소비된다는 것이다.

이런 점에서 소비는 "기호를 흡수하고 기호에 의해 흡수되는 과정"이다. 그래서 현대 사회에 있어서 기호에 대한 개인으로서의 존재에 대하여 보드리야르는 다음과 같이 강조한다. “개인으로서의 존재는 기호의 조작과 계산속에서 사라진다. 소비의 인간은 자기 자신의 욕구와 자신의 노동의 생산물을 직시하는 일도 없으며, 자기 자신의 이미지와 마주 대하는 일도 없다. 그는 자신이 늘어놓는 기호의 내부에 존재하는 것이다.” 소비 사회에서 소비의 진정한 주체는 개인이 아니라 기호의 질서인 것이다. 모든 것은 기호의 질서에 둘러싸여 존재하고 있기 때문이다.

2. 시뮬라크르의 질서와 시뮬라시옹

보드리야르 이론의 핵심인 '시뮬라크르(simulacre)'는 실재로는 존재하지 않는 대상을 존재하는 것처럼 만들어 놓은 일종의 가상물이다. 시뮬라크르의 개념을 처음 제시한 사람은 플라톤이다. 그는 사람이 사는 세계는 원형인 이데아, 복제물인 현실, 현실의 복제물인 시뮬라크르로 이루어져 있다고 보았다. 그러나 보드리야르는 '모방'이나 '재현'과는 다른 개념으로서 시뮬라크르를 정의하는데, 이것은 원본이 없는 이미지로서 그 자체로 현실을 대신하고 현실은 시뮬라크르에 의해 지배받게 된다고 가정된다. 현대에 들어와서 '시뮬라크르 하기'라는 의미의 프랑스어 단어 '시뮬라시옹(simulation)'은 과학적, 군사적 목적의 모의실험 혹은 가상현실을 지칭하는 용어로 널리 사용되어 왔으나, 보드리야르에게 있어서 시뮬라시옹은 이미지 생성 작업이 지시 대상을 전제하지 않고 스스로 이루어지는 예술적 현실 상황을 말하는 것으로 정의된다.

따라서 이것에 의해 생산된 것은 허구 또는 비현실로 불리어졌으나 그는 오히려 현실은 없어지고 시뮬라시옹만

이 남아 현실을 증명하고 있다고 주장한다. 이것의 결정적인 전환점은 모사(재현) 그리고 내파(원본의 제거), 그 이후에 초과실재(시뮬라크르의 자전)의 과정을 통해 존재하는 '무언가를 숨기기'(dissimulation)에서 '아무것도 없는 것을 있는 것처럼 속이기'인 시뮬라시옹(simulation)으로 이전하는 시점이다.

『상징적 교환과 죽음』의 제 2장 '시뮬라크르의 질서'는 『시뮬라크르와 시뮬라시옹』을 예비하는 글로서 시뮬라크르가 제한된 지위로부터 보편적인 지위로 바뀌어가는 역사적 모습을 설명하고 있다. 보드리야르는 이 시뮬라크르의 질서를 '위조의 시대', '생산의 시대', 그리고 '시뮬라시옹의 시대'의 세 단계로 구분하여 설명하고 있다.[16]

첫 번째 시뮬라크르인 '위조'는 고전적 시기로서 자연법칙에 근거하는 시기이다. 이것은 원본과의 대립을 통해 위조 또는 모조물의 질서로 규정된다. 여기서 위조는 봉건질서를 부르주아 질서로 대체하면서 르네상스 시기로부터 산업 혁경에 이르는 시기까지 지배적인 형태로 나타난다. 이 시기는 과거의 기호를 꿈꾸고 실제 세계의 지시를 통해 어떤 의무를 재발견하려는 열망을 지닌다. 해방된 기호의 시대로 교환 가치를 생산하는 기호로써 노동의 운명과도 같으며, 자신의 가치를 자연의 시뮬라크르로서 발견한다.

두 번째 시뮬라크르의 질서는 산업 시대의 지배적 도식이었던 '생산'의 시장 가치 법칙의 시기로, 산업 혁명 이후로 출현하여 타락한 상징인 위조가 기계적 재생산에 의해 '생산'으로 대체되는 시기이다. 근대의 절정기로 그리고 기호의 새로운 세대로 제한이 없고 다량이 동시에 생산되어 위조가 필요 없어지며, 원본은 더 이상 관심의 대상이 되지 못한다. 이것은 기술에 의해 대체되고 여기서 어떤 최종성의 개념은 무한 일련 번호 속에 사라지고 만다. 이러한 시뮬라크르는 산업적인 혹은 시리즈물의 형태를 취하게 되며, 이러한 계열적 생산 방식의 단계는 일시적인 것으로서 세 번째 시기인 모델에 의한 생산으로 자리를 내주게 된다.

세 번째 질서에서는 코드가 지배하는 현대의 지배적 형태인 시뮬라시옹의 질서로, 가치 구조 법칙이 지배적인 성격을 가진다. 원본의 위조나 순수한 계열체가 사라지고 모든 것은 모델을 따르며, 구조적 가치 법칙이 위세를 떨치며, 모델들이 사물보다 우위를 차지하게 된다. 보드리야르는 여기서 구조적 가치 법칙을 설명하기 위해서 언어, 유전자, 사회 조직 등을 비유적으로 기술하고 있다. 언어가 소통 방식을 규제하는 코드나 모델을 지니고 있는 것처럼, 그리고 마치 세포가 DNA라는 유전자 코드를 갖고 있는 것처럼, 사회 역시 우리 환경이나 생활을 조직하고 구조화하는 코드를 갖게 되는데, 바로 이러한 코드와 모델들이 일상 생활을 구성하게 된다는 것이다. 이러한 코드들의 변형이 어떤 차이 및 사회적 관계를 구조화하여 코드의 시대가 사회적 그물망 전체를 관통하기 시작했다는 것이다.

그는 미와 추 그리고 정치적 좌파와 우파, 매체에서의 진리와 오류, 자연과 문화 등의 대립 항들이 붕괴되기 시작하고 '모든 것이 결정 불가능하게 된다'고 주장한다. 즉 모든 것이 시뮬라시옹 재생산의 측면에서 상호 교환이 가능해진다는 것이다.

물론 이러한 시뮬라크르의 질서와 시뮬라시옹은 오랜 서구의 역사적 전통 속에서 존재하여 왔다. 그 대표적인 경우가 중세 시대의 성상에 대한 논쟁이다. 신성(神性)이란 재현되어질 수 없기 때문에 사원 안에 그 어떤 시뮬라크르도 금지되었다. 하지만 실제는 정반대로 이것이 재현되어 존재하고 있었다. 성화상이라는 가시적 장치가 신의 순수하고 지적인 이데아를 대체하여 존재하는 것이다. 그리고 이것이야말로 성상파괴주의자들이 두려워하였던 점이다. 이것이 바로 시뮬라크르의 막강한 힘인 것이다. 결국 본질적으로 신이란 존재하지 않고 오직 시뮬라크르만이 존재하고 있으며, 더구나 신의 존재 자체도 시뮬라크르이기 때문이다. 성화상을 파괴하던 그들의 광포함은 여기에서 나온다.

이처럼 비잔틴 시대의 성화상이 신의 동질성 즉 신성을 살해할 수 있었듯이, 이미지와 관련된 문제의 핵심은 항상 자기 자신의 모델인 실재를 죽이는 그 엄청난 살상력인 것이다. "시뮬라시옹은 전통적인 재현과는 정반대이다. 재현은 기호와 실재의 등가의 원칙으로부터 출발한다. 시뮬라크르는 등가 원칙의 유토피아를 거꾸로 하여 가치로서의 기호에 대한 근본적인 부정으로부터 (...) 지시가 죽은 후 이 지시가 가진 권리를 획득한 기호로부터 출발한다."17)

재현이 시뮬라시옹을 그릇된 재현으로 해석하고 이를 흡수하려고 시도하는 반면, 시뮬라시옹은 재현의 축조물 자체를 송두리째 시뮬라르크로서 감싸버린다. 보드리야르가 주장하는 이미지의 연속적인 단계를 살펴보자.

> 이미지는 깊은 실재의 반영이다.
> 이미지는 깊은 실재를 감추고 변질시킨다.
> 이미지는 깊은 실재의 부재를 감춘다.
> 이미지는 그것이 무엇이든 간에 어떤 실재와도 관계를 갖지 않는다 : 이미지는 자신의 순수한 시뮬라크르이다.

이미지 역사의 첫 번째 단계에서는, 이미지는 실재를 반영하지만, 다음 단계에서는 이미지가 실재를 감추고 왜곡하게 된다. 이미지가 자신의 가면 뒤에는 어떠한 실재도 존재하지 않는다는 사실을 감추는 단계에 이르면 즉 이미지가 무엇인가를 감추는 단계로부터 아무것도 없음을 감추는 단계에 이르게 되면, 마침내 이미지와 실재 사이에는 아무런 관계도 존재하지 않게 된다. 이미지는 자율적 독립성을 획득하고, 실재는 이미지의 가면 속에서 함몰되어 버리는 것이다.

3. 초과 실재와 내파

시뮬라시옹은 탈근대적인 대상 개념을 심화하고 발전시키는 개념이다. 과거에 기호는 어떤 대상을 지시하거나 재현하는 역할에 머물렀다. 반면 오늘날의 기호는 대상을 지시한다기보다는 자기 자신을 지시하며 대상을 재현한다기보다는 창조한다. 게다가 기호가 창조한 대상은 자연적 대상을 능가하게 된다. 그리고 더 실재적이고 탁월하다. 그러한 의미에서 이것은 초과실재(hyperéel, hyperreality)이다. 즉 자연적 대상보다 이상적이며 그 대상에 대하여 모델의 위치에 서게 되기 때문이다. 이는 표상의 순서가 역전된다는 것을 의미한다. 즉 과거에는 자연적 대상을 기준으로 기호의 의미와 가치를 생각했다. 반면 탈근대 사회에서 인간은 기호가 생산한 대상에 비추어 자연적 대상을 표상한다. 기호 체계의 평면이 자연적 대상을 비추는 거울이며 인간은 그 거울 없이 사물을 생각할 수 없게 되었다.

보드리야르가 말하는 시뮬라시옹은 기호에 의해서 자연적 실재를 능가하는 초과실재가 산출되는 과정을 그리고, 마침내 자연과 인공의 구분마저 소멸되는 과정을 가리키고 있다. 시뮬라크르는 그 시뮬라시옹의 결과이다. 그것은 모사적 사물인 동시에 독창적 사물, 다시 말해서 자신을 있게 한 조건과 생산 주체를 뛰어넘는 사물, 그래서 새로운 시뮬라시옹을 가능하게 하는 사물이다. 이와 같이 보드리야르는 시뮬라크르의 시대에는 가상물들이 현실을 지배하게 되며, 이로서 초과실재는 원본보다 더 원본의 행세를 하게 된다고 설명한다. 그리고 이러한 초과실재의 전형적 예를 들면 미국에 있는 디즈니랜드를 생각할 수 있다.

> 디즈니랜드는 모든 종류의 얽히고 설킨 시뮬라크르들의 완벽한 모델이다. (...) 디즈니랜드의 상상 세계는 참도 거짓도 아니고, 실재의 허구를 미리 역으로 재생하기 위해 설치된 저지 기계이다. 이 세계가 어린애 티를 내려 하는 이유는 어른들이란 다른 곳, 즉 '실제의' 세상에 있다고 믿게 하기 위해서, 그리고 진정한 유치함이 도처에 있다는 사실을 숨기기 위해서이다. 어른들의 유치성 그 자체가 그들의 실제 유치성을 환상으로 돌리기 위하여 여기서 어린애 흉내를 낸다.

초과실재의 전략은 실재를 시뮬라크르로 대체한 이후, 시뮬라크르가 아닌 고전적 의미에서의 실제 상황이 발생하는 것을 '저지'하는 것이다. 이는 모든 시뮬라크르적 시도를 극대화시켜 그것을 현실로 만드는 것이다.

디즈니랜드와 마찬가지로, 유명한 워터게이트 사건도 실제로는 그 인위적 표면 너머에는 어떠한 사실성도 없다는 것을 감추기 위해 상상적 효과를 이용한다. '스캔들'을 통해서 도덕적, 정신적 원칙을 재생하려고 하는 것이나, 상상을 통해서 잃어버린 사실성의 원칙을 재생하고자 하는 것은 동일한 작전이라고 할 수 있다.

디즈니랜드

그런가 하면 핵 공포는 시뮬라시옹의 신격화라 할 수 있다. 공포에 의한 균형은 우리 삶의 모든 틈새들 내부 구석구석에 주입된 저지 체계의 한 극단적인 단면일 따름이다. 핵의 서스펜스는 대중 매체의 핵심이 <저지 시스템>이고, 세계 도처에서 지배하고 있는 결과 없는 폭력 시스템이나 우리에게 부여된 모든 선택들 중 가장 불안감을 고조시키는 일종의 장치 시스템들이 이미 하나의 평범한 시스템이라는 것을 확인시키는 것에 불과하다.

영화 매트릭스에서 '네오'는 돌발사태, '스미스' 요원은 저지 전략의 역할을 맡고 있다

모든 사람들은 핵 위협의 사실성을 믿는 척한다. 그러나 정말로는 현실적 차원에서는 이러한 믿음은 없다. 이 상황의 특이성이란 파괴의 비가능성 속에 있다. 보드리야르에 의하면 핵전쟁은 일어나지 않을 것이다. 그에 의하면 핵에 의한 초토화의 위험은 무기를 첨단화하고 안전, 차단, 통제의 보편적 시스템을 설치하기 위한 핑계로 사용될 뿐이다. 이 시스템이 저지하고자 하는 것은 시스템 속에서 사건을 만들어 시스템의 균형을 깨뜨릴 모든 가능성, 모든 실제 사건의 가능성이다. 덕분에 전대미문의 극대 통제 시스템이 설치된다. 핵은 사용 가능한 에너지의 절정이면서

동시에 모든 에너지 통제 시스템의 극대화인 것이다.

보드리야르는 『시뮬라시옹』에 실려 있는 「매체 속에서 의미의 내파」를 통하여 새로운 대중 매체 이론을 전개하고 있다. 이 텍스트에서 보드리야르가 말하는 대중 매체에 관한 핵심적인 부분은 대중 매체가 광범위하게 확산시키는 기호와 정보의 지배력인데, 기호와 정보의 지배력은 과잉과 포화의 단계를 넘어서 내파의 길로 접어들고 있다는 것이다. 내파란 기호와 정보가 과잉으로 증식하는 과정에서 발생하는 일종의 재난이다. 이는 말하자면 기호와 정보의 증식이 마치 암의 증식에서처럼, 통제 할 수 없는 상태로 발생하는 의미의 내파이다. 매클루언이 제시한 이 용어는 이후 보드리야르에 의해 확장되어 사용된다. 기호의 세계가 실재 세계를 대신하는 초과실재를 설명하는데 사용된다.

보드리야르는 매클루언의 명제를 받아들여 이를 더욱 극단적으로 밀고 가는데, 즉 도구가 팔, 다리의 연장이듯이 매클루언에게 미디어는 아직 "인간의 확장"이었다. 그러나 보드리야르는 이 관계를 뒤집어 거꾸로 인간을 '미디어의 확장'으로 간주하는 것이다.

오늘날에는 미디어가 만들어내는 '초과실재'가 실재보다 더 실재적인 것이 됨으로써, 인간은 미디어가 만들어

내는 시나리오의 배우가 되어버리는 것이다. 현대 사회의 TV는 사람들을 개별화시키고 그들의 시선을 오직 TV만을 향하게 한다. 그리고 TV에서 나오는 정보가 세계에 대한 나의 지식을 구성하고, 대화는 그것을 소재로 하며, 거기서 나온 사건과 영웅을 모르면 무시되거나 바보가 되고, 어떤 말이 참인가 거짓인가는 매체에 나온 것을 기준으로 하게 된다. 이제는 TV가 진실을 만들며 TV가 바로 진실인 것이다. 미디어에 의해 프로그램되고, 미디어에 의해 시뮬라시옹되는 진실 그것은 분명히 조작적인 진실인 것이다.

4. 예술의 공모 행위와 초미학

보드리야르는 예술 작품 자체가 근본적으로 사회 사상이라는 것을 보여 주고자 한다. 그에게는 사회의 모습이 예술로 표현되는 것이 아니라, 예술의 모습을 하고 있는 사회 그 자체가 존재하는 것이다. 그는 보부르 문화센터를 '초과실재의 기념물'이라고 묘사하는 글을 1977년에 팜플렛 형태로 발표한다. 이 글은 후에 『시뮬라시옹』에 「보부르 효과 : 내파와 저지」로 다시 등장하게 된다.

'보부르(Baubourg)'는 프랑스 파리 중심의 보부르 언덕에 위치한 '국립 조르쥬 퐁피두 문화 예술 센터'를 지칭하는 표현으로, 일반적으로 프랑스인들은 이 퐁피두 센터를 '보부르'라고 명명한다. '보부르 효과'라고 보드리야르가 지적한 초과실재의 효과를 산출해내듯, 퐁피두 센터는 건물 밖으로 노출된 파이프, 송수관, 회로 같은 하이테크 모더니즘을 통해 모순된 예술 문화 공간의 면모를 보여 준다. 그리하여 보부르는 어느 차원에서는 산업 생산 양식의 잔해로 보여지기 하고, 다른 차원에서는 그 뼈대 자체의 형태가 의사소통이라는 정보 흐름의 양식을 나타내는 것으로 해석되기도 한다. 그는 보부르 건축물이 지닌 이와 같은 미적 구성을 분석하면서, 사회적인 것 그리고 예술, 대중, 의미를 중화하는 철저한 내파를 파악하고자 한다. 실제로 보부르의 존재는 "오늘날 거대한 급속도의 절단 행위가 늘 노리고 있는 변환 회로로 만들어진 완전히 토막토막 끊긴 기념물, 초과실재의 기념물, 문화적 내파의 기념물"을 구성하고 있는 것이다.

렌조 피아노/리차드 로저스 <조르쥬 퐁피두 문화예술 센터> 1977

보부르가 함축하는 문화적 또는 미적인 메시지와 의미의 실재는 실제로 현대 사회 속에서 내파되어 사라진다는 것이 보드리야르의 주장이다. 어떻게 보면 보부르의 형태는 미술관 논리로 표현되는 현대성이라기보다는 오히려 현대를 넘어서 존재하는 것을 상징적으로 요약한 것이라 할 수 있다.

퐁피두 센터의 니키 드 생팔과 장 팅겔리 작품

보드리야르에게 보부르 문화는 생산과 의미의 문화가 아니라 시뮬라시옹과 미혹의 문화이고, 대중은 보부르 문화 속에서 문화의 의미를 이해하기보다는 문화의 초과실재를 느낀다. 그리하여 대중의 문화적 실행은 기호 조작적이고 우연적이며, 더 이상 의미가 없는 실행이 된다. 그는 대중들이 더 이상 그릇되게 인도되거나 기만당하는 대신 이러한 것에 무관심한 태도를 보이고 있는데, 그것이 사실은 그들의 진실이라고 말하고 있다. 이와 같이 '침묵하는 다수', 즉 대중의 무관심과 더불어 보드리야르는 사회적인 것의 시대는 끝났다고 선언하는 것이다.

이러한 현대적 상황에서 보드리야르의 눈에 비친 현대의 대부분의 예술은 가치가 없다. 그는 1996년 『리베라시옹』 지에 「예술의 음모」를 발표하면서, 현대 미술은 미적으로 평범함에 이르기 위해 환상의 욕망을 없애고 '초미적(transesthétique)'인 것이 되었다고 주장한다. 이는 평범한 것, 하찮은 것, 보잘 것 없는 것을 가치와 이데올로기로 삼으려는 전략이다.[18]

보드리야르에 의하면 세계는 점차 미학화하고 있다. 즉 극히 범상한 것까지도 미학적으로 논의되며, 미적인 것과 비미적인 것과의 변별성이 사라지고 예술은 불필요해지는 것이다. 그에 의하면 "예술이 더 이상 없기 때문에 예술이 죽는 것이 아니라, 예술이 너무 많기 때문에 예술은 죽는 것"이다. 센세이션을 불러 일으켰던 보드리야르의 "현대 예술은 무가치하다"는 언급은 이런 면에서 중의성을 띤다. 가치의 구별이 사라지는 현대 사회에서 현대 예술은 스스로 무가치해짐으로써 이 현실의 징후를 충실하게 증언하는 것이다.

보드리야르는 마르셀 뒤샹과 앤디 워홀을 현대 사회의

경향을 정확하게 포착한 시대적 징후의 예술적 증인으로 높이 평가한다. 뒤샹과 워홀은 의식적으로 무가치를 지향함으로써 예술의 중요한 사건을 일으켰다는 것이다. 보드리야르에게 뒤샹과 워홀은 '초미학'의 선구로 평가된다. 특히 뒤샹에 대해 다음과 같이 평가하고 있다.

> 커다란 전환은 뒤샹과 함께 시작됩니다. 레디메이드의 사건은 주체성의 중단을 가리키는데, 이때 예술의 행위는 대상이 예술품으로 전환되는 것에 지나지 않습니다. 예술은 따라서 거의 마술적인 조작에 불과합니다. 즉 대상은 자체의 평범한 곳에서 세계 전체를 레디메이드로 만드는 미학 속으로 이동합니다. 뒤샹의 행위 자체는 극히 미비하지만, 그로부터 세계의 모든 평범함은 미학으로 되고, 거꾸로 모든 미학은 평범한 것으로 됩니다. 다시 말하면 평범한 것과 미학의 이 두 영역 사이에서, 전통적 의미에서의 미학을 실제로 끝내는 전환이 이루어지고 있습니다.

워홀 역시 초미학을 실천한다. 그는 미학을 "그 자체가 더 이상 미적 특성을 갖지 않고 반대 방향으로 뒤집히는 곳"으로까지 밀고 나가 우리를 '예술과 미학으로부터 해방'시킨다. 이렇게 예술이 스스로 무가치해지는 것도 어느 단계에서는 '예술의 중요한 사건'일 수가 있다.

워홀은 다른 팝 아티스트들과 마찬가지로 미국 내에서 유통되는 이미지들에 특별한 관심을 가졌고, 현대 사회의 상투 형태들을 직접적으로 이용했다. 특히 대중 스타인 엘비스 프레슬리나 마릴린 먼로 그리고 모나리자, 마오쩌둥 등에서부터 전기의자, 코카콜라병, 지폐, 캠벨 수프 깡통 등 공장 조립 라인에서 나온 기성품에 이르기까지 대중적이고 일상적인 소비 이미지들의 텅 빈 기표를 생산해 냈다.

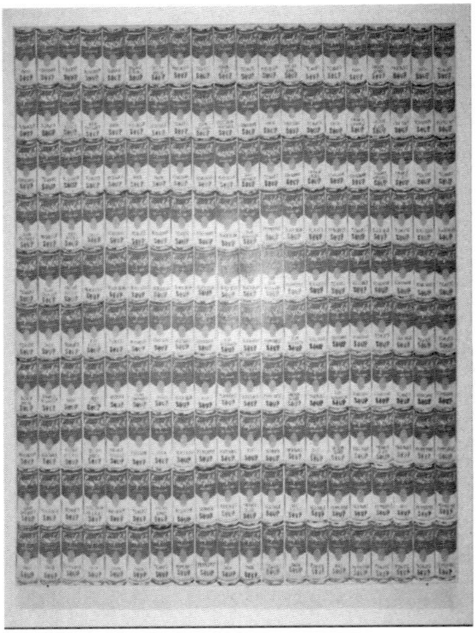

앤디 워홀 <200개의 캠벨 수프 캉통>
1962

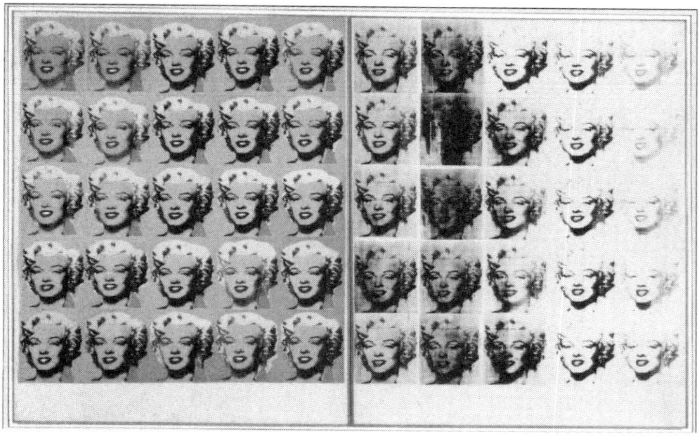

앤디 워홀 <마릴린 몬로> 1962

자본주의적 생산은 과거 장인적 생산과는 달리 유일물의 생산이 아니라 시뮬라크르의 생산 즉 '코드'에 따른 대량 복제로 이루어지는데, 이러한 상황에서 유일하게 장인적 생산의 전통을 이어온 것이 예술이었다. 하지만 뒤샹과 워홀은 산업적으로 대량 복제된 산물들을 예술에 끌어들임으로써 예술마저 시뮬라크르의 영역에 끌어들이는 것이다.

그런 의미에서 뒤샹이 유일하게 원작의 생산 영역으로 간주되어 왔던 예술 창작의 영역에 대량 생산된 용변기를 도입했을 때, 그는 사진이 아닌 실물로써 시뮬라크르의 미학을 실천했다고 볼 수 있다. 또한 "더 이상 가치의 법칙은 없으며, 가치의 일반적인 전이, 가치의 불확실한 중심이 있을 뿐"인 현대 예술의 세계에서는 범상함의 예술화를 통해 예술 역시 범상해지는 것이다. 그래서 결국 예술의 영역에서도 '내파'가 일어나 미적 가치가 사라지는 가치의 황홀경, 즉 '초미학'의 상황에 도래하게 되는 것인데, 앤디 워홀과 같은 팝 아티스트들은 예술적 실천을 통하여 보드리야르의 이론을 미학적으로 실현하려 했다고 할 수 있다. 보드리야르에게 있어 뒤샹과 워홀은 시대적 징후의 예술적 증인으로 평가되지만, 그들의 뒤를 잇는 예술가들의 작품에 대한 보드리야르의 평가는 적대적이다.

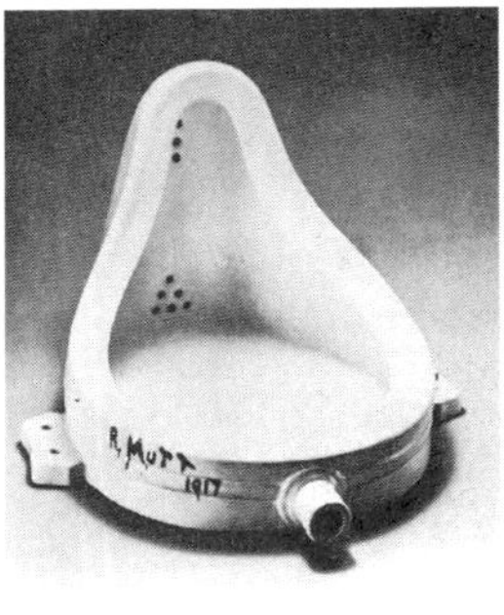

마르셀 뒤샹 <샘> 1917

> 다른 것들은 무가치의 상업적 전략만을 지닐 뿐이다. 그것들은 자기 자신의 무가치 뒤에 그리고 예술에 관한 담론의 전이 뒤에 숨는다. 어떤 의미에서 그것은 아무것도 아닌 것보다 더 나쁘다. 왜냐하면 그것은 아무것도 의미하지 않으면서 바람직한 온갖 존재 이유를 다 가지고 존재하기 때문이다.

워홀과 뒤샹이 의식적으로 무가치를 지향했다는 점이 가치가 있다면 보드리야르의 눈에 비치는 현대의 무가치를 지향하는 대부분의 예술은 "실제로 무가치"한 것이다. 미술 전람회 개최 전날의 특별 초대 전시회, 상설 전시회, 일반 전시회, 예술품의 복원, 수집, 기증과 투기 등으로 가득찬 오늘날의 예술은, 예술 시장의 재정적 관점에서뿐만 아니라 미적 가치의 관리 자체에서도, 전문가 범죄의 일반적 과정과 매우 유사하게 보인다. 범죄는, 작품의 미적 가치를 생성하여 관리하는 과정 자체에서부터 개입하고 있는 것이다.

마르셀 뒤샹 <자전거 바퀴> 1913

모든 범죄에는 가해자와 피해자가 있으나, 이 범죄에는 피해자가 없다. 예술계에 관계하는 모든 이가 함께 참여하는 거대한 '공모'이기 때문이다.

제 5장

질베르 뒤랑

현대 미디어 시대의 상상력의 복권

Gilbert Durand

질베르 뒤랑(1921-)의 생애와 저서

질베르 뒤랑은 1921년 프랑스 알프스 지방 샹베리에서 태어났다. 소르본느 대학 시절 가스통 바슐라르에게서 철학을 배우며 많은 영향을 받았고, 그 후 칼 구스타프 융과 미르치아 엘리아데 등의 사상에서도 깊은 영향을 받았다.

1962년 박사 학위 논문을 출간한 뒤, 이슬람 철학자 앙리 코르뱅을 만나 정신성의 문제와 동서양의 비교 사상에도 깊은 관심을 가지게 된다. 그후 철학 교수 시험에 합격한 뒤, 그르노블 대학에서 사회학, 문화인류학, 문학 등을 가르친다.

1966년에 '상상계 연구 센터(Centre de recherche sur l'imaginaire)'를 창설하여, 현재 전 세계에 50여개의 지부를 두고 있으며 상상력과 사회학, 문학, 인류학, 심리학, 신학, 예술 등 다양한 학제간의 연구를 수행해오고 있다.

뒤랑은 이미지가 단순한 기호적 측면을 넘어 상징적 측면을 지니고 있음과 이미지-상징이 그 상위 개념인 '원형'과의 밀접한 관련 속에서 존재함을 드러내었다. 또한 그는 상상력을 지각 작용과 명확히 구분할 뿐 아니라 상상력의 본령이 실재 혹은 지각 내용을 전적으로 변형시킬 수 있는 진정한 역동성에 있음을 역설하여 왔다.

낭만주의 작가들이 주창해 온 '창조적 상상력' 관념을 적극적으로 수용하여 상상력 이론을 발전시킨 뒤랑은, 자유롭고 창조적인 상상력에도 그 고유한 질서가 존재함을 간파했고, 이로써 이미지-상징들의 체계적인 분류를 시도하여 서구 사상에서 오랫동안 평가 절하되어온 이미지와 상상력을 20세기에 들어와 진정으로 복권시키려 노력하고 있다.

그의 저서로는 『상상계의 인류학적 구조』(1969)를 비롯하여 『인문학과 전통』(1979), 『신화적 형상과 작품의 얼굴들』(1979), 『알록달록한 영혼』, 『상징적 상상력』(1989), 『예술과 원형들』(1989), 『상상계』(1994), 『상상계의 영역』(1996) 등이 있다.

1. 미디어의 범람과 이미지

1960년대 캐나다에서 매클루언이 새로운 미디어로서의 텔레비전에 대한 이론을 피력하던 시기에, 프랑스에서는 창조적 상상력에 기반을 둔 질베르 뒤랑(Gilbert Durand)의 이미지와 미디어에 대한 이론이 등장한다. 뒤랑은 가스통 바슐라르의 제자로서 바슐라르의 상상력 이론을 사유의 출발점으로 삼는다.[19] 그리고 스승에 의해 주창된 '상상력의 코페르니쿠스적 혁명 (révolution copernicienne de l'imagination)'의 대열에 합류한다. 이미지와 상상력의 복권에 평생을 바쳤던 뒤랑도 보드리야르와 같이 오늘날의 비디오 폭발이 인류를 위협하고 있음을 경고하고 있다.[20]

뒤랑은 이미지 파괴에는 두 가지 종류가 있다고 보았다. 하나는 이미지를 너무 적게 사용함으로써 혹은 이미지에 너무 엄격한 태도를 취함으로써 이미지를 파괴하는 것이며, 다른 하나는 이미지를 과도하게 많이 사용함으로써 결과적으로 의미를 증발시켜 버리게 되어 이미지를 파괴하는 것이다. 정보 통신망의 발달에 의해 주어지는 다양한 정보들은 얼핏 보기에 우리가 마음대로 처분하고 우리가 마음대로 소화할 수 있는 것처럼 여겨지지만, 실제로는 그 정보의 양이 너무 많아 우리가 쉽게 접근하기도 힘들고 소화하기도 힘든 경우가 대부분이다. 정보의 과잉은 우리를 정보 소비의 주체로 만드는데 기여하기보다는, 일종의 정보의 그물망을 형성하여 우리를 그 그물망에 사로잡힌 물고기의 신세로 만들어 버릴 소지를 다분히 가지게 되는 것이다. 이때 우리는 모든 가치 판단이 유보된 수동적 소비자의 신세로 전락하게 된다.

현대의 미디어 이미지의 가장 위협적인 특징은 우선 우리가 우리에게 주어지는 정보(특히 TV를 통해 전해지는 정보)에 대해 아무런 가치 판단도 않고 그것을 무관심하게 수동적으로 소비하게 한다는 사실이다. 우리는 그냥 무관심한 소비자의 입장에서 버라이어티 쇼, 대통령의 연설, 아프리카에서 기아로 죽어가는 아이들, 스포츠 중계 등을 그냥 덤덤하게 그리고 균등하게, 그리고 왕성하게 소비하고 소화하는 것이다. 무(無)식욕의 식욕이라고 할 수 있을 그러한 왕성한 식욕은 아무런 성찰이나 생각 없이 우리 앞에 주어지는 모든 것을 집어 삼키는 괴물의 모습으로 우리를 바꾸어 버린다.

오늘날 전자 미디어 영상의 두 번째 위험은 이러한 전자 영상이 수동적인 소비자의 창조적 상상력을 마비시킴으로써 모든 가치를 획일화시킬 수 있다는 데에 있다. 정보 통신망의 발달로 인해 유포되는 정보와 생각은 사람들의 인식을 다원화, 다양화하는데 기여하기보다는 오히려 획일적 가치를 유포하고 확산하는데 기여한다. 독재 정권이 자신의 정당성을 선전하고 유포시키기 위해 우선 언론 매체를 장악하는 것도 바로 그런 이유에서이다. 마찬가지로 경제적 가치를 별로 중요시하지 않는 사람이 그러한 가치에 경도되도록 하는 데에 정보 통신망은 충분히 일조를 할 수 있다. 사람들이 다양한 가치관을 접하게 되는 것이 아니라 획일화된 가치관이 널리 유포되는 위험이 다분히 노출되어 있는 것이다. 실제로 정보와 언론 매체의 발달이 사람들의 인식을 다양화하고 다원화하는데 기여할 수 있다는 생각은 너무나 낙관적인 생각이다. 과거의 역사를 돌이켜보면 다음과 같은 질문의 타당성을 이해할 수 있다. 지금의 인터넷이 없을 때에는 인간은 획일적인 사고만 했는가? 인간을 폐쇄된 공간에서 벗어나게 해주는 것이 바로 인간이 만든 인터넷이라고 할 수 있는가?

현대의 전자 영상의 세 번째 위험은 단순한 시각 예술적 측면의 문제를 넘어서, 그 제작과 유포의 메커니즘에 권력과 자본이 깊이 침투하게 한다는 점에 있다. 현대 사회에서 사람들은 배후에서 이미지를 지배하고 조종하는 익명의 권력가와 자본가의 음모에 무기력하게 당하기 쉽다. 이 위험은 앞서 지적한 위험들과 일맥상통하는 것으로서 발달된 정보 통신망을 통해 유통되는 정보가 과연 누가 생산하고 유포하는 것인가를 알 수 없다는 사실에서 오는 위험이다. 바꾸어 표현하면, 그 정보들의 생산자가 대부분 익명으로 되어 있다는 사실에서 비롯되는 위험인 것이다. 정보가 책임 있는 그 어떤 권위로부터도 벗어나 자유롭게 생산, 유포될 수 있다는 사실이 정보의 민주화를 가져온다고 생각할 수도 있다. 그러나 실제로는 정체를 알 수 없는 정보 생산자에 의한 윤리의 조작, 정보의 차단이 가능해진다는 사실을 간과해서는 안 된다.

그렇다면 정보를 생산하고 유포하는 숨어 있는 주체는 누구인가? 얼핏 생각하면 이것은 한 사회를 지배하는 권력층이라고 생각하기 쉽지만, 사실은 그렇지 않다. 전통적인 권력들도 매스 미디어를 이용하고 그에 의존하지만, 그러한 권력들조차 곧 익명의 유포자들 앞에 일반 대중과 함께 내던져지게 된다고 보는 것이 옳을 것이다. 보드리야르가 정확하게 지적했듯이 전통적인 권력들조차 결국은 정보 자체의 그 무한 증식의 논리를 뒤따르게 되고, 그로 인해 결국은 사회의 토대로서의 전통 권력 자체가 붕괴될 것이다. 인간이 거대한 자본과 정교한 기술을 이용하고, 그것의 주체인 양 착각하는 사이에 통제 불능의 익명의 존재에게 벌거벗긴 채 내던져질 수 있는 것이다.

분명 현대 사회는 이미지와 미디어가 범람하는 시대이다. 그러나 뒤랑의 관점에서 보면 이러한 현상은 과거 서구 사회가 가지고 있던 지나치게 로고스 중심적인 역사에 대한 반발로 발현된 현상이다.

2. 이미지의 파괴와 저항의 역사

서구 사회에서 시각적 이미지가 전체 사상계의 중심으로 부각되기 시작한 것은 최근 몇 세기의 일이다. 실제로 이미지는 학문의 세계에서 그 정당성을 인정받지 못하고 변방을 배회하는 수준에 머물러 있었다. 매클루언은 그 중심적 사건을 구텐베르크의 금속 활자 인쇄술로 보고 있지만, 뒤랑은 서구 역사 전체가 이미지를 탄압하는 역사였다고 본다[21]. 그 근본적인 이유는 무엇이었을까?

뒤랑은 주요한 두 가지 원인으로서 기독교의 유일신(唯一神) 사상과, 소크라테스적인 진리 명증법을 지적한다. 구약성경(출애굽기 20장)에 기록되어 있는 십계명 중 제 2계명의 내용은 이러하다. "너를 위하여 새긴 우상을 만들지 말고, 또 위로 하늘에 있는 것이나 아래로 땅에 있는 것이나 땅 아래 물속에 있는 것의 아무 형상이든지 만들지 말며, 그것들에게 절하지 말며 그것들을 섬기지 말라." 서구의 기독교는 이러한 유태교적 영향력 하에 놓여 있었기 때문에, 애당초 인간에 의한 신의 형상(성상, 우상)의 창조는 신의 절대성의 이름으로 탄압 받을 소지를 충분히 가지고 있었다.

물론 기독교 역사 자체가 성상파괴주의의 승리만을 보여주고 있다고 단정하는 것은 무리이다. 관점에 따라 다른 견해를 가질 수 있을 것이다. 그러나 지구상에 존재하는 다른 종교들, 특히 기독교의 관점에서 원시적이라고 여겨지는 종교 형태들과 비교할 때 기독교가 하느님의 이미지나 성인들의 이미지보다는 말씀이나 성서의 기록 자체를 중시해온 종교라는 것은 부인하기 어렵다. 그리고 기독교 내부에서 있었던 성상파괴자들과 성상숭배자들 간의 싸움은, 어떤 면에서는 서구에서 수세기에 걸쳐서 이미지와 이미지의 옹호자들을 평가절하하고 나아가 박해하게 된 이유와 동기를 전형적으로 보이는 한 예이다.

이 기독교적인 성상파괴주의에 덧붙여져, 서구 사회에서는 '참이냐 거짓이냐'만을 따지는 이원적 논리에 기초한 진리 명증법의 전통이 형성된다. 참과 거짓으로 판단될 수 있는 명제만이 진리의 자격을 획득하고, 그렇지 못한 경우는 진리의 논의에서 제외되는 것이다. 따라서 참과 거짓의 형식적 추론으로 환원될 수 없는 이미지는 애당초 진리의 영역 바깥으로 밀려날 수밖에 없었다. 소크라테스, 플라톤 그리고 특히 아리스토텔레스에 의해 확립된 이 진리 명증법은, 아리스토텔레스적인 이성주의를 적극 수용한 토마스

아퀴나스의 중세 스콜라 학파에 의해 이어졌다.

이성만이 진리에 접근하는 유일한 방법이라고 믿은 대륙의 합리주의와 경험적 사실만을 중시하는 영국의 경험주의, 그리고 19세기에 와서 발전한 실증주의, 과학주의, 역사주의 등 이들 모두가 그 진리 명증법의 계승자들이다. 이들이 정통의 지위를 굳혀 온 서양의 사상계에서 이미지가 차지할 수 있는 지위란 하찮은 것에 불과하였다.

2.1. 비잔틴의 성상파괴운동

뒤랑은 이미지 억압 역사의 시작을 8~9세기에 나타난 성상파괴운동에서 찾고 있다. 성상파괴운동(iconoclasme)은 A.D. 8~9세기에 비잔틴제국의 동로마 교회에서 일어난 역사적 사건이다.

본래 헬레니즘의 신들은 텍스트가 아니라 이미지로 존재하였다. 제우스와 아폴론, 헤라와 아프로디테는 무엇보다도 호메로스의 서사시나 프락시텔레스의 조각, 피디아스의 신전건축 속에 들어있다. 반면 헤브라이즘은 앞에서 언급했듯이 철저한 텍스트 중심의 종교라고 할 수 있다. 유대의 신은 '토라'라 불리는 모세 오경 속에 말씀으로 존재한다. 게다가 야훼는 모세의 석판에 써준 십계명에서

"눈에 보이는 것의 형상을 만들지 말라"고 명했다. 교회로서는 난감한 일이었다. 당시의 유럽 민중들은 대부분 문자를 이해하지 못하는 수준이었고, 눈에 보이지 않는 신을 이해할 정도로 지적 수준을 가지고 있지도 못하였다. 선교를 위해서는 이미지를 만들어 보여주어야 하나, 십계명은 분명히 눈에 보이는 것의 형상을 만드는 것을 금하고 있었다.

결국 지적 수준이 높지 않았던 당시의 민중들은 당연히 성상을 숭배의 대상으로 삼게 되었으나, 원리주의자의 눈으로 볼 때 돌을 섬기는 것은 성서에서 금하는 우상숭배의 행위였다. 이 때문에 그 계명을 둘러싸고, 8~9세기에 이르러 성상 찬성론자와 성상 파괴론자 사이의 격렬한 논쟁이 벌어진다. 결국 종교에서 회화와 조각의 이미지를 철저히 배척한 이슬람의 영향을 받은 비잔틴의 황제 레오 3세는 성상 숭배를 강력히 반대하였고, 그는 725년부터 서서히 준비를 시작하여 730년에 이르러서는 모든 성당의 종교 미술을 제거할 것을 명하는 성상 제거 칙령을 공포하기에 이른다. 그 결과 수도승과 평민들이 종교 반란을 일으켰고, 황제는 군대를 동원해 그의 칙령을 강제적으로 시행한다. 그 당시 칙령에 반대했던 콘스탄티노플 주교는 사형에 처해진다. 그러나 로마 교황 그레고리 2세는 그 칙령에 반발

했고, 그는 오히려 성상 반대자를 파문하였다. 이로써 동서 교회 사이의 관계가 단절되었다.

레오 3세의 칙령을 반대한 당대의 성직자들은 성상이 신적 권위의 매개체라는 것을 부인하는 것은, 그리스도가 인간의 모습으로 나타난 것이 신의 계시라는 사실 즉 성육신을 반대하는 것이라고 보았다.22) 이러한 반발 속에서 754년에 콘스탄티누스 5세가 소집한 콘스탄티노플 공의회는 모든 사람들로 하여금 어떤 형상에도 예배하지 않을 것을 서약하게 했다.

다마스쿠스의 요한(John of Damascus)은 대표적인 성상 옹호론자였다

하지만 이러한 성상타파 결정은 후일 번복을 거듭하였다. 787년 니케아 공의회에서 이레네 여황(女皇)은 성상이 예배의 대상은 아니지만, 그에 대한 경의는 그 표현되는 주체에 돌아간다고 함으로써 성상을 인정하려 하였다. 그 후 832년에 이르러 또 다시 성상의 금지가 공포되었고,

843년에 열린 공의회에서는 성상을 인정한 니케아의 결정을 부활시키게 된다. 이와 같은 소용돌이를 겪은 후 동방정교는 결국 성상을 인정하게 되었고 그 전통은 오늘날까지 계속 이어지게 된다.

2.2. 개념주의 신학과 고딕 예술

이미지 억압으로 정의될 수 있는 서구 사회의 두 번째 중요한 흐름은 13세기에 이르러서이다. 13세기에 서구는 고대 아리스토텔레스의 논리학을 공식적인 인식론적 방법론으로 채택하게 된다. 그리고 개념주의(conceptualisme)는 공식적인 교육학적 토대가 된다. 서구 기독교 사회가 13세기에 아리스토텔레스의 저술들을 발견하고 소개하면서 또한 그의 견해를 기독교뿐만 아니라 학교 교육의 하나의 준칙으로 받아들이게 되면서, 논리에 근거한 "명확성과 구별"이 하나의 대원칙이 되고 "진리는 나의 빛"이라는 그리스 헬레니즘 문명의 모토가 서구 교육과 인식의 바탕으로 자리 잡는다. 또한 토마스 아퀴나스[23]를 중심으로 하는 스콜라 철학은 유명한 『신학대전』을 통해서 아리스토텔레스의 합리주의와 신앙의 진실들을 하나로 연결시키려는 시도를 했다. 표면상으로 그 시도는 로마 기독교의 공식

철학을 확립하고 통합하려는 시도라 하겠으나 의미상으로 그것은 인간 중심적이고 세속적인 근대 사상, 즉 성상의 초월적 의미 또한 초월적 인식이 배제된 사상을 낳는 운동의 기점이었던 것이다.

이와 같이 13세기를 기점으로 신학의 정당성이 이성과 결합함으로써 초월적인 인식과 가치가 절대성을 상실하고, 그 자리를 인간의 이성이 대신하는 길이 열린다. 아퀴나스는 모든 자연의 변화 과정을 진행시키는 최초의 원인인 목적원인 즉 부동(不動)의 동자(動子)가 존재한다는 아리스토텔레스의 철학이 신의 존재를 이성으로 증명한 것이라고 받아들인다.

그후 이미지나 상상계를 비합리적인 것들의 범주에 국한시키는 사상(事象) 위주의 흐름을 더욱 공고히 하는 데 결정적인 영향을 제공한 것은, 14세기 영국의 철학자 윌리암 오컴(W. Ockham)에 의해 광범위하게 확산된 유명론적 흐름이다. 오컴은 보편 개념은 이름일 뿐이지 실재하지 않으며 구체적인 경험으로부터 도출된 지식만이 실재하고, 이것은 이성을 통해서만 파악될 수 있다고 주장하였다. 그의 이러한 태도는 믿음의 영역인 신학으로부터 인간의 이성을 자유롭게 하였으며, 이성을 토대로 한 철학의 독자적인 영역을 구축할 수 있게끔 하였다. 신의 존재와 신의 의

지를 증명하는 중세 철학의 목표는 더 이상 이성에 의해 증명되지 않는 믿음의 영역의 문제가 되어 버리는 것이다. 결국 그의 주장은 신학적 원리에 따라 철학을 배우면서 신의 섭리를 이해해야 한다는 중세의 스콜라 철학을 해체시켰으며, 신학의 시녀로서의 철학의 역할에 종지부를 찍게 하였다.

이와 같은 이미지와 비이성적인 상상계에 대한 억압의 흐름에 반대하여 나타난 흐름이 13~14세기에 있었던 고딕 양식의 개화라고 할 수 있다. 서구의 고딕 양식은 성 프란체스코(François d'Assise)의 청빈주의와 그의 뒤를 이은 성 보나벤투라(Saint Bonaventure)[24)]의 모범주의의 영향하에 꽃을 피운 하나의 예술 양식이다. 신의 의지가 자연 만물에 육화되어 있다는 믿음 하에 자연은 선하다는 자연 예찬이 교회의 건축과 회화 등의 예술 양식에 도입된 것이다. 프란체스코의 청빈주의는 기본적으로는 청빈 사상을 그 모토로 하고 있지만 그 중 가장 핵심적인 것은 피조물에 대한 사랑과 피조물에 대한 기쁨이었다.

보나벤투라의 자연주의에 의하면 자연은 모두 창조의 재현들로서 그것들에는 모두 신의 은총이 깃들어 있다. 그의 모범주의는 엄격한 유일신적 이원론에 입각한 서구 기독교에 이교도적이라고 부를 수 있는 자연 숭배의 다신교적 색채를 부여하는 것이다.

자연에 대한 믿음은 건축에 있어서 자연주의적 고딕 성당의 건축을 발전시켰다. 샤르트르(Chartre 1145)와 생드니(Saint-Denis 1140), 느와이용(Noyon 1150), 상리스(Senlis, 1153), 라옹(Laon 1160), 그리고 파리의 노트르담 성당(Notre Dame de Paris. 1163) 등이 차례로 건축되었다.

고딕 양식의 대표적 성당
<파리 노트르담 성당>

죠르주 뒤비(G. Duby)가 '성당의 시대'라고 부른 이 시대는 로마 교회의 엄격함을 거부하고 자연에의 열림과 빛을 추구하는 대형 스테인드글라스의 기술적 등장과 함께 화려한 이미지들을 선보이기 시작한다. 스테인드글라스의 등장으로 인해 고딕의 둥근 천장은 계속해서 더 높이 올려지는 구조체로 변모한다. 스콜라 철학에서 발견되는 빛의 철학 즉 빛이 들어오는 벽으로 이루어진 대성당은 천국의 예루살렘을 옮겨다 놓은 것이라는 찬사를 받는다.

또한 신에게서 벗어나 자연으로 눈을 돌리려는 태도는 암울한 중세 시기로부터 벗어나 색채와 자연의 세계로 나아가게 하는데, 이 시기의 대표적인 작품으로는 랭부르 삼형제와 그 후계자인 장 콜롱브(Jean Colombe)에 의해 완성된 「베리 공작의 풍요로운 시절 Très riches heures du duc de Berry」을 들 수 있다.

랭부르 형제
<베리 공작의 풍요로운 시절>중 1월

2.3. 종교개혁과 자연과학, 반종교개혁과 바로크

서구 사회의 이미지 억압 역사의 세 번째 흐름은 종교개혁과 자연 과학의 발달이 이루어지는 16~17세기이다. 우선 서구에서 종교 개혁의 필요성이 대두하게 된 것은 교권주의 강화에 의한 교회의 세속화, 그리고 바로 앞에서 살펴본 바와 같은 기독교 신학이 마주한 위기 상황인 범신론적 이교도화에서 비롯된다. 종교 개혁에 의해 공격의 대상이 된 것은 직접적으로는 교회의 타락이었지만, 그 내용상으로 볼 때는 교회 건물에서 자연을 모방하는 이미지들이 범람하는 현상과 신성 모독적인 성상 숭배 풍조가 팽배한 현실이었다.

물론 종교 개혁시의 성상 파괴 운동은 엄밀한 의미에서는 이미지 파괴 운동으로서, 신성성에 대한 숭배는 성서 숭배와 음악 숭배의 면모로 구체화되어 나타났던 당시의 상황을 고려해야 할 것이다. 신성성은 이미지에 깃든 것이 아니라 성서에 깃들어 있으며, 영혼이 그 성령과 가까이 할 수 있게 인도하는 힘은 음악이 지니고 있다고 그들은 주장했다. 그리하여 프로테스탄트들은 '성서로 돌아가라'고 외치며 영혼의 절대 순수성을 주장했다.

신교도들이 구교회의 성상을 파괴한 것은 이미지야말

로 가톨릭 교회를 유지시키는 가장 중요한 선전 수단이라는 사실을 그들은 분명히 인식하고 있었기 때문이다. 이미지를 파괴하는 개신교도들은 인쇄술 보급으로 가능해진 각종 팸플릿을 통해 철저한 이론적 무장을 하고 있었다. 한마디로 이 운동은 유럽 대륙이 이미지 문화에서 문자 문화로 넘어가는 것을 상징하는 중요한 사건이었다고 할 수 있다. 개혁가들의 공격으로 잠시 멈칫했던 교회는 곧바로 반격을 시작한다. 이 반격은 한편으로는 부패한 가톨릭 교회를 다시 바로잡는 도덕 재무장의 움직임으로 실현되었으며 다른 한편으로는 스페인의 강력한 군사력을 동원한 무자비한 무력 진압과 고문과 처형이 수반된 가혹한 종교재판의 형태로 나타났다.

여기서 흥미로운 점은 이러한 종교 전쟁은 곧 미디어 전쟁이기도 했다는 점이다. 모두가 모두에 대항해 싸우는 어지러운 전쟁의 시기에는 그림과 문자도 서로 싸우고 있었다. 종교개혁이 이미지를 금했다면, 반종교개혁은 텍스트를 금지했다. 신교도들이 성상을 파괴했다면, 구교도들은 금서를 불태웠다. 물론 개혁자들이라고 문자만 사용하고, 가톨릭 교회라고 그림만 사용한 것은 아니었다. 하지만 문자가 종교개혁의 중요한 매체였고, 그림이 반종교개혁의 핵심적인 선전매체였다는 점은 부인할 수 없을 것이다.

종교 개혁과 더불어 자연과학, 그리고 합리주의 철학의 시작은 현대 서구 학문의 근본적인 토대를 마련한 프랑스의 철학자 데카르트(René Descartes 1596- 1650)에 의해 구체화된다. "나는 생각한다, 고로 나는 존재한다"라는 명제에서 이성은 흔들리지 않는 <생각하는 자아>를 의미하며, 그 명제에 의해 코기토, 이성, 생각하는 자아만이 이 세상에 존재하는 유일한 진리이며 다른 모든 존재의 확실성을 보증해주는 것이 된다. 데카르트의 합리주의는 이성에 대해 전지전능한 신분증을 부여하는 것이다.

르네 데카르트
(1596-1650)

데카르트의 합리주의는 이성에 전지전능한 능력을 부여하는 데서 그치지 않는다. 자신의 정당한 신분증을 마련한 이성은 그 명증성으로 이 세계 전체에 대한 통합적 체계를 완성시켜야만 하며, 데카르트가 이어서 행하는 작업은 이러한 형이상학적 체계화라 할 수 있다. 그리하여 그 자체 개별적이고 복합적인 듯이 보이는 세상에 하나의 체계를 부여하려는 노력을 진행하게 된다. 모든 철학은 나무에 비유되어 "그 뿌리는 형이상학이고, 줄기는 물리학이며, 그 줄기에서 뻗어난 가지들은 의학, 기계학, 윤리학의 세 개의 주된 영역으로 귀착되는 모든 학문들"이라고 정의된다. 즉 지식은 각기 개별적으로 독립된 것이 아니라 하나의 체계 안에 통합되어 있으며 상호 긴밀히 연결된다.

아리스토텔레스주의에 의거해 설립된 학문 체계는 이와 같은 데카르트의 합리주의에 의해 확고해진다. 한편 인간의 이성에 의해 인간을 둘러싸고 있는 외부의 세계는 하나의 긴밀한 체계로 연결된다. 세계는 그 안의 모든 물체들이 특정한 법칙에 따라 움직이고 상호간에 작용하는 공간이 되는 것이며, 세계를 구성하는 물체들은 예외 없이 동일한 법칙에 순응하되 상호간의 작용과 반작용으로 부단히 유동적인 하나의 총체를 이루게 된다. 다시 말하면 세계는 물리학적인 인과성(causalité)에 의해 움직이는 거대한 기계가 된다. 데카르트에 의해 세계는 오랫동안 드리웠던 신비의 그늘에서 빠져나와 이성의 밝은 태양 아래 알몸을 드러낸다. 데카르트에 의해 자연은 신비와 몽상의 대상이기를 멈추고 분석과 해체, 가공과 정복의 대상이 되는 것이다.

이와 같이 이성주의에 입각한 상상적 정신세계에 대한 배척 그리고 종교적으로 이미지 파괴를 주장하는 종교 개혁자들의 이미지 탄압에 대항하여 나타난 것이 반종교개혁의 움직임과 바로크적 예술 운동이다. 종교개혁 운동에 맞선 반종교개혁 운동은 시각적 이미지들 즉 회화나 조상(彫像), 성화를 추방시킨 종교개혁적 성상 파괴 운동과 정확한 대척점에 위치해 있다. 그리고 예수의 성스러운 가계(家系 : 예수, 마리아, 요셉) 및 동방 박사들과 사제들을 육화시켜 형상화하는 성상 숭배의 단호한 방법을 내세운 반종교개혁은 트렌트 종교회의에서 일시적인 승리를 거둔다. 그 승리의 결과 번성한 예술이 바로 바로크적인 예술이다.

바로크에 대한 정의는 수없이 다양하지만, 문학비평가 장 루세(Jean Rousset)는 바로크적 기질을 대표하는 상징으로 변신의 신인 프로테우스와 전형적인 과시의 상징인 공작(孔雀)을 내세운바 있다. 즉 바로크적 기질은 한마디로 변신과 과시로 요약될 수 있다는 것이다.

바로크 예술은 이 세계와 우주의 질서를 상징하고 그것을 합리적이고 논리적으로 설명하는 태도를 거부한다. 바로크 기질에게는 우주는 불안정한 형태의 변화 그 자체이다. 우주를 변화 자체로 볼 때 여전히 영원한 것, 불변적인 것에 대한 향수를 강하게 간직하고 있으면 바로크 예술은 비극적 장엄미를 띠게 되고, 변화하는 것 내부에서 흘깃 우주의 섭리의 편린을 발견했을 때 바로크 예술은 환희의 찬가가 된다. 그러한 바로크적 성향이 비논리적인 것,

환상적인 것, 감추어진 그림자 등을 선호하는 것은 당연하다고 하겠다.

바치치오 <예수의 영광>
1672/77 예수 성당 로마

바로크 예술의 장인적 솜씨는 외관의 호사스러움을 한껏 과시하기 위해 발휘되지만, 그 외관은 현실적으로 주어져 있는 외관을 그럴듯하게 모방한 것이 아니라, 현실에 숨겨져 있는 것을 훌륭하게 드러내 보인 외관이라고 표현하는 것이 적절할 것이다. 16세기 말 앙리 3세 시대에 변장술, 위장술 등이 활약하는 가면극이 성행하게 되는 것도 바로 그러한 바로크적 기질의 반영이라고 할 수 있다.

그들에게 변화는 자연적인 현실의 변화가 아니라 언제나 활동 중인 환상의 변화이다. 그들에게 현실은 환상이고 환상은 현실이 된다. 한 걸음 더 나아가 이야기한다면, 바로크 예술에 있어 현실은 눈에 보이지 않는 환상의 부분적 발현일 뿐이며, 그들의 그 호사스러운 외관은 바로 현실의 환상화의 한 방법이 되는 것이다.

2.4. 경험주의/역사주의/실증주의 대 낭만주의/상징주의

서구 사회의 이미지 억압의 네 번째 흐름은 18~19 세기에 관찰된다. 데카르트의 합리주의에 의해 완성된 이미지 파괴주의는 이후 여러 변주를 낳게 되는데, 기본적으로는 인간의 이성 중심주의에 입각한 이원론적 인식론에 충실하면서 그 논점을 조금씩 바꾼 것들이라고 정의할 수 있다.

데카르트의 "나는 생각한다, 고로 나는 존재한다"라는 명제가 사유하는 주체에 그 강조점을 둔 것이라면, 그 강조점이 존재하는 사물에 대한 경험으로 옮겨가게 되면서 경험주의 이론이 나타나게 된다. 흄(D. Hume)과 뉴튼(I. Newton)으로 대표될 수 있는 경험주의 이론은 우리가 실제로 경험할 수 있는 사상(事象)들과 현상들의 범주를 묶고 규정하려고 노력하며, 이미지와 상상계는 꿈속의 환각이나 비합리적인 것으로 전면 부인하는 것이다. 세상을 지배하는 유일 원칙을 찾아내는 데에 있어 이미지는 방해물로 여겨질 뿐이다.

그런데 이러한 원칙은 사상이나 현상 중에서 어느 것에

주목하느냐에 따라 다시 나뉘어진다. 지각으로부터 유래하는 '관찰과 경험'의 산물로서의 사상을 중시할 때, 그것은 본래의 의미를 지닌 경험주의로 나타나지만, '역사적 사건'으로서의 사상을 중시할 때 그것은 역사주의의 모습을 하게 된다. 바로 이 경험주의와 역사주의에 의해, "인간의 지각과 이해 및 순수 이성과 같은 수단에 의해 탐사가 가능한 현상 영역"과 "결코 인식할 수 없는 영역, 즉 죽음, 초월과 같은 근본적인 형이상학의 문제의 영역" 사이에 도저히 메워지지 않는 간격과 건너뛸 수 없는 경계가 형성되는 것이다.

19세기의 대표적 사조라 할 수 있는 실증주의는 이 경험주의의 사실성과 고전적 합리주의의 논리성을 바탕으로 하여 확립된 것으로서, 이러한 합리주의와 경험주의에 과학주의가 덧붙여진 것이다. 실증주의의 대부라고 할 수 있는 오귀스트 콩트(Auguste Comte 1798-1857)는 인간의 의식이 이성의 깨임의 정도에 따라 진보의 길을 걸어왔다고 주장했으며, 그 의식의 진보 과정을 신학의 시대, 회의하는 이성의 시대(형이상학의 시대), 실증주의 승리의

오귀스트 콩트 (1798－1857)

시대로 구분했다.

과학적인 방법론이 사용될 수 있는 것만을 유일한 진실로 인정하는 '과학주의', 그리고 역사를 객관화시켜 역사적 사건 속에서 실제 현상들 간의 원인과 결과를 찾고 그리고 역사는 진보한다고 믿는 '역사주의'가 서구의 주류로 확고히 자리잡게 되면서, 이미지는 '저주받은' 운명이 된다. 그래서 이미지는 병든 정신이 보여주는 환각이나 몽환적인 시인들의 몽상으로 취급되어 객관적 진리를 탐구한다는 과학의 영역 밖으로 추방당하게 된다. 그리하여 인간과 자연의 진리에 대해서는 아무 것도 말할 수 없는 존재가 된다. 이미지와 상상력은 의식의 유년 상태의 표현이나 기능, 심지어는 오류와 거짓의 원흉으로 파문을 받게 되는 것이다. 19세기 후반 프랑스에서 보들레르(Baudelaire)이후의 시인들을 '저주받은 시인들'이라고 일컫은 것은 바로 이러한 풍토 속에서였다.

그러나 18세기의 계몽주의 그리고 19세기의 실증주의와 과학주의, 역사주의의 흐름 속에서도 이미지와 상상계를 옹호하는 움직임은 여전히 존재했었고, 그것이 오늘날의 이미지와 상상력에 대한 새로운 인식론을 세우려는 노력으로 이어진다.

그 대표적인 움직임으로 낭만주의와 상징주의 운동을 들 수 있는데, 우선 18세기부터 19세기까지 독일을 중심으로 일어났던 전기 낭만주의 운동과 낭만주의 운동을 살펴 보자. 낭단주의는 고전적 미학이 지주로 삼고 있던 지각의 오감 너머에서 제 6감(第六感)을 최초로 인정하고 묘사한 운동이다. 개인적이고 주관적인 자아에서 벗어나 인류 전체의 총체적 삶의 역사를 구현하겠다는 낭만주의의 최후의 야심에서 이성이나 지각보다는 이미지와 상상력이 특권을 부여받는 것은 당연한 일이다.

이미지에 의한 직관에 특권을 부여하면서 순수 이성과 실천 이성의 곁에서 이러한 인식의 과정을 이론화한 사람이 칸트(E. Kant)이다. 칸트는 지각을 단순히 배합해서 하나의 표현을 만들어내는 재생적 상상력과 선험적·초월적으로 존재하는 생산적 상상력을 구분한 후에, 그러한 선험적 상상력은 직관에 앞서 직관 속에 나타날 유사 표현을 만든다고 했다. 그는 이미지를 만드는 상상력의 기능이란 지각의 선험적 형태로서의 시간과 공간과 이성의 범주를 접합시키는데 있다고 하면서, 상상력은 단순한 지각을 이성의 도식에 통합될 수 있게 준비해 주는 기능을 갖는다고 설명하였다. 칸트는 데카르트의 합리주의에 의해 객관성의 이름으로 추방된 주관성, 텅 비워버린 자아를 다시 인식의 장으로 끌어들였으며, 이미지를 인간의 인식 과정에 편입시켰고 상상력 및 이미지화된 사고를 복권시키는데 중요한 역할을 하게 된다.

칸트에 이어 셸링(Schelling)과 쇼펜하우어(Schopenhauer) 그리고 헤겔(Hegel)의 철학들은 이전에 경시되었던 미학과 상상력을 아주 중요한 부분으로 다루게 된다. 또한 19세기 초 독일의 시인 횔덜린(Hölderlin)의 시인 예찬은, 프랑스의 시인 보들레르와 랭보(Rimbaud)에 의해 계승된다. 전자는 상상력에 '기능들 중의 여왕'이라는 왕관을 씌웠고, 후자는 "시인은 견자(voyant)이다"라고 확언했다.

이미지와 상상력이 하나의 의미를 가지는 생산자적 지위로 끌어올려진 것은 바로 이 상징주의 운동에 의해서이다. 상징에서 의미하는 상징의(象徵意 symbolisé)는 일반적인 기호의 기표(signifiant)로서는 표현할 수 없는 부분까지 암시적으로 연장되고 있다. 그리하여 상징주의자에게는 현상계 전체가 상상계 혹은 초월계를 암시적으로 보여주기 위해 하나의 상징표(symbolisant)로 존재하는 것이 되며, 예술가의 창조성은 이 세계를 현상계 내부에서 기표와 기의 관계를 찾는 기호의 차원에서 끌어올려 다른 세계에까지 그 의미가 연장되는 상징으로 변화시키는 데에 있게 된다.

상징주의에 의하여 이미지는 의미가 없는 텅 빈 기호나 하나의 장식에 머물러 있는 것이 아니라, 그것이 하나의 상징이 될 때 그 자체 하나의 의미를 내재하고 있는 중요한 대상이 된다.

3. 헤르메스의 귀환과 상상력의 복권

서구 문명의 오랜 역사에서 확인할 수 있는 이미지의 억압과 파괴는 끊임없는 저항과 반작용을 불러 일으키는 결과를 가져왔고, 이제 오늘날의 사회는 이러한 로고스와 합리주의의 전통에 대항하여 상상력과 이미지의 세계를 분출하려는 시대적 욕망을 디지털 미디어라는 새로운 매체를 통해 확산시키고 있다. 뒤랑에 따르면, 이러한 현대적 미디어 매체를 통한 이미지의 범람과 이로부터 파생되는 사회·인류학적 현상에 대한 균형잡힌 시각을 유지하기 위해서는 인간의 정신적 상상계의 근본적인 구조를 이해하는 것이 필요하다.

뒤랑은 30여년전 그의 저서인 『상상계의 인류학적 구조』(1969)의 저술을 통하여, 인간의 상상력이 자유롭고 창조적이라는 사실과 상상력의 세계에 어떤 질서가 존재한다는 사실을 동시에 강조하는 것이 결코 상호 모순을 일으키지 않는다는 점을 지적해 왔다.[25] 뒤랑은 이미지 분류를 위한 작업가설을 구축하기 위해 인간 동일성의 근거를 탐구한 생물학, 더 구체적으로는 반사학의 연구 성과를 좇아갔다. 그는 레닌그라드 학파의 베흐테레프(W. Betcherev)가 정립한 반사학(réflexologie)에서 지배 몸짓(gestes dominants)의 개념을 차용한다. 뒤랑은 인간에게서 몸짓(지배 반사)이 가장 근원적인 것이라고 판단한다.

베흐테레프를 비롯한 반사학자들은 인간에게 세 가지의 '지배 반사'(réflexe dominant: 다른 모든 반사들을 억제하는 반사)가 있음을 밝혀내었다. 이들은 우선 갓난아이에게서 두 가지 지배 반사가 존재함을 발견했다. 첫 번째 지배 반사는 '자세(position)'지배 반사로서 인간의 균형을 유지시키는 반사이다. 만일 어린아이의 몸을 수직으로 세우면 그 지배 반사가 다른 모든 반사들을 조정하고 억제한다. 두 번째 지배 반사는 신생아의 '영양 섭취(nutrition)'지배 반사이다. 이는 '입술로 빨아들이기 반사'와 '머리를 적절한 방향으로 위치시키는 반사'를 말한다. 신생아가 젖을 빨 때 영양 섭취 반사는 다른 반사들을 제어한다. 세 번째 지배 반사는 '짝짓기(copulation)'지배 반사이다. 사실 이 반사는 성장한 동물 수놈을 통해서 연구된 반사이다. 이 지배 반사는 실험적인 증거가 충분하지는 않지만 뒤랑은 이 난점을 정신분석학과 생리 심리학에서 보충하고자 한다. 이들 학문들에서는 성적인 충동이 동물의 행동에서 매우 강력한 지배 요소임을 지적하고 있다.

뒤랑은 반사학을 길잡이로 삼아 원형(archétypes)과 상징(symboles)의 거대한 분류 체계를 세운다. 그는 세 가지 지배 반사에 입각하여 상상계의 주된 내용을 세 가지의 구조(structure) 혹은 도식(schème) 그룹으로 분류한다.

1. 분열형태 구조 : 이는 자세 지배 반사와 연관된다. 분열형태(schizomorphe) 구조라고 뒤랑이 명명한 것은 이 구조가 분열(分裂) 행위를 강조하기 때문이다. 여기서는 분열, 분할, 대조가 중시된다. 이 구조는 '영웅적(héroïque)' 구조라고도 불리는데, 그것은 이 구조가 영웅·선·전사(戰士)의 괴물·악·어둠에 대항한 싸움의 이미지들과 주제를 선호하기 때문이다. 이 구조의 핵심은 시간, 변화 그리고 죽음 앞에서 느끼는 불안의 극복이다. 분열형태 구조에서 시간을 벗어나는 방법은 초월이다.

2. 신비 구조 : 이는 분열형태 구조와 상반되는 구조로서 영양섭취 지배 반사와 연관되어 있다. 동화(同化), 동일시, 결합 행위가 이 구조의 특징을 이룬다. '신비적(mystique)'이라는 용어는 특별히 레비-브륄(Lévi-Bruhl)의 '신비적 참여(participation mystique)'라는 개념에서 빌어온 것으로 이는 '참여'의 함의를 강조하기 위해 사용되었다. 이 구조의 내용물은 '내면성'과도 긴밀한 관련을 맺고 있다. 중심으로의 회귀, 틈을 막기, 끼워 넣기 이미지들이 이 구조의 극성(極性) 주위로 배열된다. 이 구조는 잔(coupe) 원형과 내면적인 깊이

를 표현하는 이미지들로 분화되는 하강과 내면화의 도식들을 지니고 있다. 시간의 해독제를 실체의 안온하고 따뜻한 내부에서 찾고자 하는 것이다.

3. 종합 구조 : 이 구조에서는 상이한 요소들을 결합시키는 과정을 강조하여 '종합적(synthétique)'이라는 형용어를 부가하였다. 그러나 이는 정립과 반정립의 지양을 의미하는 헤겔(Hegel)식의 종합과는 무관하다. 따라서 후일 뒤랑은 헤겔적인 함의를 피하기 위하여 '종합적'이라는 형용어 대신에 '산종적(散種的, disséminatoire)' 혹은 '드라마적(dramatique)'이라는 용어를 사용한다. 이 구조는 짝짓기 지배 반사와 결부된다. 무한한 반복의 힘을 표현하는 바퀴나 나구 원형으로 분화되는 리듬 도식들이 이 구조로 분류된다. 여기서는 중심의 원형이 상반되는 것들의 균형을 위한 열쇠로 작용한다. 시간과 운명에 대한 불안은 지속적인 리듬을 통해 극복될 수 있다.

뒤랑은 이 세 구조를 두 개의 체제(régime)로 나누어 설명한다. 분열형태 구조는 이미지의 낮 체제(régime diurne de l'image)에 그리고 신비 구조와 종합 구조는 이미지의 밤 체제(régime nocturne de l'image)에 배속된다. 『상상계의 인류학적 구조』는 경험적인 연구를 바탕으로, 인간 상상력의 소산인 이미지와 상징을 이 두 '체제'와 세 '구조'

의 틀 속에 분류함으로써 상상계에 보편적이고 동일한 실재가 존재함을 보여준다.

이와 함께 뒤랑은 상상계의 구조들 중 동일한 것들이 시간 속에서 어떻게 변화하는가를 살펴보기 위하여 '의미의 물줄기(bassin sémantique)'라는 개념을 도입한다.26) 의미의 물줄기의 탐구에서는 다양한 풍토들이 형성한 제 각기 다양한 물줄기들의 시간 속에서의 갈등, 변모 과정, 그리고 변모를 통한 표면화, 이면화 과정이 탐색된다. 그 변형 과정을 뒤랑은 스며 나옴(ruissellement), 분수기(分水期) 혹은 지류(partage des eaux), 합류기(confluences), 강의 이름(nom du fleuve), 연안구획(aménagement des rives), 곡류와 삼각주 곡류(méandres et deltas)의 여섯 단계로 나눈다. 그 각각에 대한 설명을 살펴보자.

1. 스며 나옴 : 하나의 주어진 문화 환경 내에서 여러 흐름들이 형성된다. 그것들은 때로는 과거의 먼 시기의 사라졌던 옛 의미의 물줄기가 소생해 나온 것이기도 하며, 어떤 경우에는 그러한 흐름이 어떤 역사적 상황들(전쟁, 침입, 사회적 혹은 과학적 사건 등)로부터 태어나기도 한다.

2. 분수기 : 물줄기들이 결합하여 당파, 학파, 사조를 이루고 다른 방향성을 가진 흐름들과 서로 맞서는 현상을

빚는다. 이 단계가 상상계의 체제들이 싸움을 벌이고 대립하는 단계이다.

3. 합류기 : 하나의 큰 흐름이 형성되려면 흐름들을 모으게 할, 이미 자리를 잡고 있는 권위나 영향력 있는 인물의 인정과 뒷받침이 필요하다.

4. 강의 이름 : 전설적인 일화 등에 힘입은 하나의 신화 혹은 하나의 이야기(역사)가, 그 의미의 물줄기를 전형적으로 보여 주거나, 하나의 명칭으로 대신해 보여 줄 수 있는 실제 혹은 가공의 인물을 만들어 내는 시기이다.

5. 연안구획 : 양식적, 철학적, 합리적 공고화가 이루어진다. 바로 제2의 창건자, 혹은 이론가의 시기이다. 때로는 범람 현상이 일어나 그 흐름의 몇몇 전형적 성격들이 지나치게 과장되기도 한다.

6. 곡류와 삼각주 곡류 : 곡류와 변이들이 형성되는 시기. 세력이 약해진 물줄기는 여럿으로 나뉘어 이웃해 있는 흐름들에 흡수되어 버린다.

위의 이 여섯 단계는 서로 확연히 구분되는 것이 아니라 다른 흐름들과 공간적으로 뒤섞여 있다. 즉 한 물줄기의 철학적 연안 밑에 다른 물줄기의 스며듦이 겹쳐있고, 물이 말라버린 델타 아래에는 다가올 강의 지류 단계가 겹쳐있는 것이다.

최근 삼십년 동안의 뒤랑의 이론에서 가장 중요한 업적은 바로 이러한 의미의 물줄기에 바탕을 둔 문화적이면서 예술적인 상상계의 변화를 연구하는 것이었다. 이러한 연구를 통해 뒤랑은 상상계의 변화가 주기적이며 리듬을 갖고 있다는 것을 강조하고 있다. 체계적으로 한 시대의 예술 작품과 문학 작품 등을 분석해 보면 그 시대를 풍미하게 되는 일정한 지배적인 구조가 있다는 것을 보게 된다. 물론 이 지배 구조가 한 시대를 완전하게 전반적으로 지배한다는 것은 아니지만 상당한 지배력을 지니게 되는데, 그 시대의 상상계는 바로 그 지배적 구조의 변주들로 풍요롭게 채워지는 것이다.[27)]

뒤랑은 19세기와 20세기의 서양 사회는 프로메테우스와 디오니소스, 그리고 헤르메스라는 세 신화의 구조가 이어져 지배해 왔다고 지적한다. 그리스의 신 프로메테우스는 인간에게 불 즉 기술을 전달해 준 신으로서, 인간을 자연과 멀어지고 인위적인 것들과 가까워지도록 만들어 준 신이다. 19세기 유럽의 문학과 회화들에서 프로메테우스적 신화들을 쉽게 찾아볼 수 있는 것처럼, 이 시기의 유럽은 바로 근대성의 시기이며 산업적으로 발달과 진보가 이루어진 시기이다. 이러한 기술적인 근대성은 바로 낮이라는 상상계를 통해 표현된다고 볼 수 있는데, 이것은 인간과 자연의 분리나 대항과 같은 전투적인 이미지로 나타난다.

그런데 몇십 년 동안 유럽을 통제하던 프로메테우스의 상상계는 이제 피곤해지고 흩어지게 되어 새로운 상상계에 자리를 내주게 된다. 19세기 후반부터나타난 세기말과 데카당 문화, 그리고 1950년대와 60년대를 거쳐 70년대까지 이르는 유럽의 상상계는 디오니소스의 상상계로 상징될 수 있는데, 디오니소스는 진정한 의미의 소비 사회의 신이라고 볼 수 있다. 그 당시 각종 도시의 폭력이라던가 70년대 사회 내의 혼란이라던가 하는 현상들이 횡행했던 시대가 바로 디오니소스의 시대로 해석될 수 있다.

약 30년 전부터는 이제 교환과 소통과 순환의 신인 헤르메스가 지배하는 새로운 국면을 맞고 있는 것으로 해석된다. 20세기 말을 헤르메스의 귀환이라고 규정하는 뒤랑은, 분석보다는 유추(analogie)와 상동(homologie)의 정신이 살아 있는 이미지나 상징적 차원을 강조하는 것이다. 그에 의하면 이미지적 사유는 영혼에 대한 범죄가 아니라 오히려 객관에 지친 영혼을 소생시키는 한 방법이다. 그것은 인간에 내재하는 인류학적인 본성인 상상력을 동원하여 시적 몽상의 치유를 시도하는 것이라고 해석된다. 뒤랑에 따르면 현대 사회가 이미지 문명이라고 불릴 만큼 이미지가 중시되고 있는 것은, 서구 문명의 오랜 역사에서 합리주의적 이성을 지향하는 낮의 체제에 의해 억눌려 왔던 밤의 체제가 소생하고 있는 시점 즉 헤르메스(Hermes)가 귀환을 하고 있는 시점이기 때문인 것으로 풀이된다.

따라서 그에 따르면 현대 사회의 상상력 중심의 이미지 문명의 등장은 문화·예술적 관점에서 포착될 수 있는 상상계의 변화에 대한 이해를 통해 설명될 수 있다는 것이다. 이것은 달리 표현하자면 그에게 있어 현대 사회의 새로운 미디어 매체의 등장과 그에 따른 미학적 변화는 근본적으로 상상계의 구조적 특징에 대한 설명을 통해 포괄적으로 기술될 수 있다는 것을 의미한다.

뒤랑은 상상력의 근본적인 기능을 균형 잡기에서 찾고 있는데 즉 상상력이 생물학적 균형 잡기, 심리·사회학적 균형 잡기, 그리고 인류학적 균형 잡기의 모든 기능을 가졌다고 주장한다. 뒤랑은 모든 문화와 모든 분야의 총체성 속에서 보편화된 '상상적인 것의 박물관'이야말로 인류 전체의 최상의 균형 잡기의 동인(動因)이라고 생각한다.

그는 우상파괴자로서의 서구적 합리주의자이기를 포기하고 동양의 문명에 손을 내민다. '동양에의 구조 요청', "서구 문명과는 다른 문명의 예술이 제공하는 이미지들의 체제를 받아들이는 것이야말로 무당파적(無黨派的)인 인

문즈의적 균형을 회복하는 유일한 방법"이라고 그는 주장한다.[28]

뒤랑의 상상계 연구 이론은, 서구 문명의 역사에서 오랜 동안 로고스와 이성적 합리주의의 전통에 의해 배척되고 억압되어 온 이미지와 상상력의 세계가 이제는 현대 사회의 미디어의 분출에 의한 과도한 분출과 팽창의 상태에 이르게 된, 양 극단의 불균형에 대한 진정한 <균형 잡기>를 가능하게 하는 근본적인 해결책을 모색하고 있다.

새로운 산업 기술과 새로운 미디어 매체가 등장할 때마다 그에 따른 새로운 예술 양식의 등장과 그에 대한 정의, 그리고 이와 함께 수반되는 사회적 변화와 인식론적 변혁은 이 책에서 살핀 미디어 미학의 이론가들에게서 발견되는 다양성 만큼이나 여러 양상으로 표출된다.

미학적 본질이 미디어 매체와 무관하게 포착될 수 없다는 근본적인 성찰과 함께, 이미지의 억제나 남용을 통한 조화로운 균형을 가진 예술적 행위의 그 심연에는 인간의 상상계가 존재한다는 뒤랑의 주장을 되새겨보는 것이 바로 이 책에서 제안하고자 하는 가장 중요한 메시지의 하나라 하겠다.

미주

1) 발터 벤야민, 「기술복제시대의 예술작품」, 반성완 옮김, 『발터 벤야민의 문예이론』, 민음사, 1983; 2006. 본문에서 인용한 인용문은 벤야민의 경우 프랑스판 전집에서 인용한 후 번역본을 참조하여 교정을 한 것이다. 이하 모든 사상가들의 작품들 역시 원문 인용 후 번역본으로 교정을 하여 번역상 약간의 차이가 있을 수 있다. 또한 꼭 필요한 경우 외에는 쉬운 독서를 위하여 주석의 사용을 가급적 피하려고 하였다.
2) 참고문헌에서 심혜련, 윤미애의 논문을 참조할 것.
3) 진중권. 『진중권의 현대미학 강의 : 숭고와 시뮬라크르의 이중주』, 아트북스, 2003.
4) 발터 벤야민, 「사진의 작은 역사」, 반성완 옮김, 『발터 벤야민의 문예이론』, 민음사.
5) 마틴 하이데거, 「기술에 대한 논구」, 『기술과 전향』, 이기상 옮김, 서광사. 1993,
6) 마크 호르크하이머, 테오도르 아도르노, 『계몽의 변증법』, 김유동 ; 주경식 ; 이상훈 옮김, 문예출판사, 1995.
7) 노르베르트 볼츠, 『구텐베르크-은하계 끝에서』, 윤종석 옮김, 문학과 지성사, 2000.
8) 마셜 매클루언, 『구텐베르크 은하계 *Gutenberg Gallaxy*』,

임상원 옮김, 커뮤니케이션북스, 2001.

9) Harold Innis, *The Bias of Communication*, Toronto : University of Toronto Press, 1951.

10) Harold Innis, *Empire and Communications*, Oxford : The Clarendon Press, 1950.

11) 월터 J. 옹, 임명진 옮김, 『구술문화와 문자문화』, 문예출판사, 1995.

12) Eric & Marshall McLuhan, *Laws of Media : The New Science*, University of Toronto Press, 1988.

13) 마셜 매클루언, 김성기, 이한우 옮김, 『미디어의 이해 : 인간의 확장』, 민음사, 2002.

14) 움베르토 에코, 조형준 옮김, 『철학의 위안』, 새물결, 2005.

15) 장 보드리야르, 이상률 옮김, 『소비의 사회』, 문예출판사, 1999.

16) Jean Baudrillard, *L'échange symbolique et la mort*. pp. 75-128. 최광진, 『현대 미술의 전략 』, 아트북스, 2004에서 재인용.

17) 이하 장 보드리야르, 하태완 옮김, 『시뮬라시옹』, 민음사, 1992 참조.

18) 장 보드리야르, 배영달 옮김, 『예술의 음모』, 백의, 2000.

19) 송태현, 『상상력의 위대한 모험가들』, 살림, 2005.

20) 질베르 뒤랑, 진형준 옮김, 『상상력의 과학과 철학』, 살

림, 2000.

21) 유평근,진형준, 『이미지』, 살림, 2001.

22) 8세기의 다마스쿠스의 요한 (John of Damascus)을 중심으로 한 성상 옹호론자들이 신의 강림(Incarnation)을 중심으로, 성상은 이 속세에 타락한 채 존재하는 것이 아니라 저 높은 곳으로 우리를 이끌 수 있다고 주장한 논거의 바탕에는 플라톤적인 사상이 자리 잡고 있었다.

23) 1225-1274. 중세 유럽의 스콜라 철학을 대표하는 이탈리아 신학자. 전 생애에 걸쳐 아리스토텔레스의 연구에 몰두했으며 그 연구를 바탕으로 그리스도교 철학을 완성한다. 그는 신(神) 중심의 입장을 유지한 신학자이면서도 인간의 상대적 자율성을 확립함으로써 훗날 초월적인 가치를 배제한 인간 중심적, 세속적 근대 사상을 낳는 기점이 되었다.

24) 1221-1274. 이탈리아의 신학자. 성 프란체스코의 영향을 받아 신비적인 사색을 중시했으며, 프란체스코주의 제 2의 창건자로 간주된다.

25) Gilbert Durand, *Les Structures anthropologiques de l'Imaginaire. Introduction à l'Archétypologie générale*, Bordas, 1969 과 유평근·진형준, 『이미지』, 살림, 2001 참조.

26) 질베르 뒤랑, 유평근 옮김, 『신화비평과 신화분석』, 살림, 1998 참조.

27) 뒤랑이 강조하는 인간의 상상계란 1960 년대 레비-스트로스(Lévi-Strauss)와 리쾨르(Paul Ricoeur)가 분리시켜 놓은 '구조와 의미'를 동시에 포함하는 것으로 해석될 수 있다.

28) 질베르 뒤랑, 유평근옮김, 『신화비평과 신화분석』, 살림, 1998 저자 서문 참조.

참 고 문 헌

미디어 미학 일반

김상환 외, 『매체의 철학』, 나남출판, 1998.
레프 마노비치, 서정신 옮김, 『뉴미디어의 언어』, 생각의 나무, 2004.
미셸 마페졸리, 박재환 외 옮김, 『현대를 생각한다. 이미지와 스타일의 시대』, 문예출판사, 1997.
매체철학연구회, 『매체철학의 이해』, 인간사랑, 2005.
볼프강 벨슈, 심혜련 옮김, 『미학의 경계를 넘어』, 향연, 2005.
노르베르트 볼츠, 윤종석 옮김, 『구텐베르크 - 은하계의 끝에서』, 문학과 지성사, 2000.
테오도르 아도르노, 김유동 옮김, 『계몽의 변증법』, 문예출판사, 1995.
영상문화학회, 『이미지는 어떻게 살고 있는가』, 생각의 나무, 1999.
움베르토 에코, 조형준 옮김, 『철학의 위안』, 새물결, 2005.
진중권, 『진중권의 현대미학 강의, 숭고와 시뮬라크르의 이중주』, 아트북스, 2003.

최혜실 엮음, 『디지털 시대의 문화 예술』, 문학과지성사, 1999.
마크 포스터, 김성기 옮김, 『뉴미디어의 철학』, 민음사, 1994.
마크 포스터, 이미옥 옮김, 『제2 미디어 시대』, 민음사, 1998.
닐 포스트먼, 정탁영·정준영 옮김, 『죽도록 즐기기』, 참미디어, 1997.
닐 포스트먼, 김균 옮김, 『테크노폴리』, 민음사, 2001.
마틴 하이데거, 이기상 옮김, 『기술과 전향』, 서광사, 1993.

발터 벤야민

Walter Benjamin, *Oeuvres I, II, III*, Gallimard, Folio, 2000.
발터 벤야민, 반성완 옮김, 『발터 벤야민의 문예이론』, 민음사, 1983.
발터 벤야민, 조형준 옮김, 『아케이드 프로젝트』, 새물결, 2005.
수잔 벅 모스, 김정아 옮김, 『발터 벤야민과 아케이드 프로젝트』, 문학동네, 2004.
심혜련, 「발터 벤야민의 아우라 개념에 관하여」, 『시대와 철학』, 한국철학사상연구회, 2001.

심혜련, 「대중매체에 관한 벤야민의 미학적 고찰이 지니는 현대적 의의」, 『미학』, 2001.

심혜련, 「새로운 매체시대의 예술에 대한 고찰 - 볼츠의 매체미학을 중심으로」, 『기호학과 철학 그리고 예술』, 소명, 2001.

심혜련, 「디지털매체예술의 새로운 패러다임」, 『미디어시대의 예술의 역할』, 한국예술학회, 2005.

심혜련, 「예술과 기술의 문제에 관하여」, 『시대와 철학』, 한국철학사상연구회. 2006.

윤미애, 「벤야민의 <아우라> 이론에 관한 연구」, 『독일문학』, 한국독어독문학회, 1999.

윤미애, 「대도시와 거리 산보자」, 『독일문학』, 한국독어독문학회, 2003.

마셜 매클루언

Harold Innis, *Empire and Communications*, Oxford : The Clarendon Press, 1950.

Harold Innis, *The Bias of Communication*, Toronto : University of Toronto Press, 1951.

Marshall, McLuhan, *The Gutenberg Galaxy : the making of typographic man*, New York : Signet, 1962.

Marshal McLuhan, *Understanding Media : the ex-*

tensions of man, Cambridge, Mass. : MIT Press, 1964; 1994.
Eric & Marshall McLuhan, *Laws of Media : The New Science*, University of Toronto Press, 1988.
마셜 매클루언, 임상원 옮김, 『구텐베르크 은하계 : 활자 인간의 형성』, 커뮤니케이션북, 2001.
마셜 매클루언, 김성기·이한우 옮김, 『미디어의 이해 : 인간의 확장』, 민음사, 2002.
마셜 매클루언, 꽹땡 피오르, 김진홍 옮김, 『미디어는 맛사지다』, 커뮤니케이션북, 2002.
월터 J. 옹, 임명진 옮김, 『구술문화와 문자문화』, 문예출판사, 1995.
김정탁, 『라스웰과 맥루한을 넘어서』, 『한국언론학보』, 한국언론학회, 1999.
임상원·이윤진, 「마샬 맥루한의 미디어」, 『한국언론학보』, 한국언론학회, 2002.

장 보드리야르

Jean Baudrillard, *La Société de consommation. Ses mythes et ses structures*, Denoël, 1970 ; 1991.
Jean. Baudrillard, *Simulacres et Simulation*, Editions Galilée, 1981.

장 보드리야르, 이상률 옮김, 『소비의 사회 』, 문예출판사, 1999.
장 보드리야르, 이규현 옮김, 『기호의 경제정치학 비판』, 문학과 지성사, 1998.
장 보드리야르, 하태완 옮김, 『시뮬라시옹』, 민음사, 1992.
장 보드리야르, 배영달 옮김, 『보드리야르의 문화읽기』, 백의, 1998.
장 보드리야르, 배영달 옮김, 『예술의 음모』, 백의, 2000.
배영달, 『보드리야르와 시뮬라시옹』, 살림, 2005.
최광진, 『현대 미술의 전략 』, 아트북스, 2004.

질베르 뒤랑

Gilbert Durand, *Les Structures anthropologiques de l'Imaginaire. Introduction à l'Archétypologie générale*, Paris, Bordas, 1969.
Gilbert Durand, *Imagination symbolique*, Paris, Quadrige/PUF, 1964, rééd., 1989.
Gilbert Durand, *Science de l'Homme et Tradition. Le Nouvel Esprit Anthropologique*, Paris, L'Ile Verte/Berg International, 1975, rééd., 1979.
Gilbert Durand, *Figures mythiques et Visages de l'Œuvre*, Paris, Berg International, 1979.

Gilbert Durand, *L'Ame tigrée,* Paris, Denoël, 1980.

Gilbert Durand, *Beaux-arts et Archétypes*, Paris : PUF, 1989.

Gilbert Durand, *L'Imaginaire. Essai sur les Sciences et la Philosophie de l'Image*, Paris, Hatier, 1994.

Gilbert Durand, *Introduction à la mythodologie. Mythes et Sociétés*, Paris, Albin Michel, 1995.

질베르 뒤랑, 유평근 옮김, 『신화비평과 신화분석』, 살림, 1998.

질베르 뒤랑, 진형준 옮김, 『상징적 상상력』, 문학과 지성사, 1998.

질베르 뒤랑, 진형준 옮김, 『상상력의 과학과 철학』, 살림, 2000.

송태현, 『상상력의 위대한 모험가들』, 살림, 2005.

유평근·진형준, 『이미지』, 살림, 2001.

진형준, 『상상적인 것의 인간학: 질베르 뒤랑의 신화방법론 연구』, 문학과 지성사, 1992.

문화콘텐츠를 위한
미디어미학

지은이 / 박기현
발행인 / 차상면
초판1쇄발행 / 2006. 11. 13
초판2쇄발행 / 2010. 3. 13
등록번호 / 제2-1798호
등록된 곳 / 서울시 광진구 자양3동 510-5 이튼타워A동 2302호
발행처 / 도서출판 만 남
전화 (02) 3436-0746, 0747
FAX (02) 3436-0747
값 7.000원

ISBN 89-59201-13-8
저자와 협의하여 인지는 생략했습니다.
http://www.mannam21.co.kr
E-mail: mannampub@hanmail.net